EDUARDO VANZAK

CRIE
MARCAS
COM ALMA

CARO LEITOR,

Queremos saber sua opinião sobre nossos livros.
Após a leitura, curta-nos no facebook.com/editoragentebr e
siga-nos no Twitter @EditoraGente,
no Instagram @editoragente
e visite-nos no site www.editoragente.com.br.
Cadastre-se e contribua com sugestões, críticas ou elogios.

EDUARDO VANZAK

CRIE MARCAS COM ALMA

APRENDA A CONSTRUIR MARCAS COM PROPÓSITO
E CRESCIMENTO EXPONENCIAL

Diretora
Rosely Boschini

Gerente Editorial
Rosângela de Araujo Pinheiro Barbosa

Assistente Editorial
Bernardo Machado

Produção Gráfica
Fábio Esteves

Preparação
Laura Folgueira

Capa
Vanessa Lima

Projeto Gráfico
Thiago de Barros

Diagramação
Vanessa Lima

Revisão
Algo Novo Editorial

Impressão
Gráfica Rettec

Copyright © 2021 by Eduardo Vanzak
Todos os direitos desta edição
são reservados à Editora Gente.
Rua Original, 141/143 – Sumarezinho
São Paulo, SP– CEP 05435-050
Telefone: (11) 3670-2500
Site: www.editoragente.com.br
E-mail: gente@editoragente.com.br

Dados Internacionais de Catálogo na Publicação (CIP)
Angélica Ilacqua CRB-8/7057

Vanzak, Eduardo
    Crie marcas com almas: aprenda a construir marcas com propósito e
crescimento exponencial / Eduardo Vanzak. – São Paulo: Editora Gente,
2021.
    192 p.

ISBN 978-65-5544-122-2

1. Marketing digital 2. Empreendedorismo I. Título

21-2642   CDD658.8

Índice para catálogo sistemático:
1. Marketing digital

NOTA DA PUBLISHER

Em 2019, conheci a Desinchá, empresa produtora de chá que estava se destacando no mercado, e, aficionada por chá que sou, comecei a acompanhar e observar de perto não só seu crescimento, mas também a atuação de seus gestores. E qual não foi a minha surpresa quando, no ano seguinte, conheci um de seus fundadores, Eduardo Vanzak.

Inquieto e criativo, antes dos 15 anos ele já tinha criado a sua primeira empresa e tinha nomes e ideias para várias outras, então não me admira ele ser um desses jovens empreendedores que mesmo tão cedo têm tanto a ensinar para o mercado, com seu olhar atento a tudo que é inovador em gestão de negócios.

Eduardo, que sempre tem um cuidado especial com a experiência do cliente, algo de que todo negócio precisa, agora estende esse cuidado também ao leitor. Em Crie marcas com alma, o autor faz uso de sua longa experiência em branding, aliada a uma metodologia poderosa e científica, para construir um guia com as ferramentas necessárias para você criar uma marca como aquelas que a gente nunca esquece.

Para mim, é uma felicidade poder entregar ao público este livro que certamente vai ajudar empreendedores, empresários e profissionais a usarem a energia criativa para transformarem seus negócios ou criarem um que já comece muito bem-sucedido por terem uma marca com alma.

Garanto que, ao fim da leitura, você e sua marca não serão mais os mesmos!

ROSELY BOSCHINI - CEO e Publisher da Editora Gente

DEDICATÓRIA

Dedico este livro a

Carla,
Rejane,
Geraldo
e Rafael.

Sou apaixonado por criar marcas com alma, mas são vocês
que deixam as melhores marcas na minha alma.

AGRADECIMENTOS

Este livro reflete grande parte da minha jornada e dos aprendizados que tive ao longo dela. Quando comecei a empreender, não imaginava que seria tão difícil, mas também não sabia quão recompensador seria cada conquista. Nunca teria conseguido enfrentar tantos desafios sem o apoio de pessoas incríveis que estiveram ao meu lado em vários momentos – e cada uma delas teve uma contribuição essencial para os meus negócios, para o meu livro e para a minha vida.

Agradeço às seguintes pessoas:

Carla: por acreditar neste projeto e em todos os outros que eu idealizo. Nisso e em tudo, você é a minha maior companheira e o amor da minha vida.

Rejane: por ser a melhor mãe do mundo e a pessoa que mais me ensina por meio do seu exemplo de empreendedorismo, positividade e alegria. Sou seu fã!

Geraldo: por ser minha maior referência e meu ídolo. Obrigado, pai, por me ensinar os valores que realmente importam.

Rafael: por ser o melhor irmão do mundo, meu grande amigo e sócio que admiro tanto.

Zinha: a melhor segunda mãe que eu poderia ter, por trazer tantas risadas para os meus dias.

Fernanda: por ser tão especial e divertir os meus dias em BH.

Meus avós: por serem a base de tudo!

Meu avô Elvécio: por ser uma referência de pessoa para mim.

Família Alves: por trazerem tanta alegria para minha vida e serem tão especiais.

Tia Mércia, Valéria, Angela, Magda, Marisa, Gilda e Célia: por serem tão especiais e divertidas.

Padrinhos Léo e Ana E.: por estarem sempre por perto e serem referências para mim.

Família Diniz: por tantas lembranças maravilhosas juntos.

Vic e Con: por serem minha segunda família e uma grande referência para mim.

Chi e André: por serem tão companheiros e por tantos momentos incríveis juntos.

Lohran: por compartilhar a jornada da Desinchá comigo e por tantos momentos incríveis. Por ser uma pessoa que admiro tanto e um amigo que virou família.

Daniel L.: pelos ensinamentos e pelas risadas, por compartilhar os desafios e as alegrias da jornada da Desinchá e por ser um grande irmão que a vida me deu.

Eduardo T.: por ser meu irmão da vida, meu amigo desde sempre e por estar presente em todos os momentos da minha trajetória pessoal e profissional (e Ju: por ter se tornado uma grande amiga e por aguentar o Eduardo).

Felipe M.: por mostrar para todos a sua volta que a vida pode ser leve e divertida e por ser uma pessoa ímpar.

Marcelinho: por ser um amigo para todas as horas e um cara incrível.

Pedro S.: por ser meu amigo mais antigo e um exemplo para todos ao seu redor.

AGRADECIMENTOS

Lelê e Pedro: amigos muito importantes e que trazem muita alegria para a nossa vida.

Lu e Alê: por serem muito especiais e amigos queridos.

Rafael, Sabrina e Dudu: família que tenho muito carinho e enorme consideração.

Aos amigos Bruno K., JP, Kalil, César, Tuca, Gui, Pingo, Pat, Bruna, Titi, Beta, Lohran e Lu, Ma e Flávio, Bel e Muda, Ma e Rafa, SB e Juju; por serem amigos de verdade e por trazerem muita alegria para a minha vida.

Aos amigos dos meus pais que são como família: Marco Antônio e Leila, Chico e Renata, Mônica, Rosilene e Miguel, Eliana e Gilmar.

Marcela e Maria C.: as irmãs mais especiais do mundo. Obrigado por alegrarem a vida de todos por perto.

Família Desin/Desinchá: Por todas as pessoas maravilhosas que fazem parte da história da Desinchá e que foram essenciais para a empresa ser o que é hoje. Em especial: Diogo, Lari, Nat, Jojo, Mari T., Halan, Júlio e Lucas.

Família Vanzak Labs: para toda a equipe da minha agência de marketing, que são apaixonados pelo que fazem e por entregar o melhor resultado para nossos clientes. Em especial: Thaís, Mari, Ric e Flávio.

Thaís: por sempre acreditar em mim e por alegrar a agência e a nossa vida.

Pedro C.: por ser um amigo e sócio incrível e um dos caras mais criativos que conheço.

Equipe Unity Seven: todos que fazem parte da história da Unity Seven e que participaram da construção do negócio.

Silvia: por me ajudar a colocar em palavras toda minha trajetória da melhor maneira possível.

Rosângela: por garantir que todos os prazos deste livro fossem cumpridos e por não desistir dele. Você é incrível!

Rosely: por acreditar no projeto deste livro e por ser uma grande referência para mim e para todo o mercado.

A todos vocês, meu muito obrigado!

PREFÁCIO

Todos os dias somos impactados por dezenas ou até centenas de marcas tentando nos vender alguma coisa, seja nas redes sociais, na televisão, na rua ou em revistas. Algumas destas marcas são rasas, frias, sem propósito e, acima de tudo, sem alma. São apenas produtos ou serviços e não marcas, de fato; são incapazes de gerar uma conexão com seus potenciais clientes e, dessa maneira, não despertam neles o desejo de compra.

As marcas que realmente despertam a atenção são aquelas que se conectam com seus clientes em um nível mais profundo: geram fortes conexões porque têm propósitos e valores que estão sintonizados com os deles. Ou seja, têm *alma*. Para isto acontecer, a marca deve ter a sua essência muito clara e bem definida, perceptível em tudo o que faz e comunica: em seus produtos, sua forma de falar, decisões e atitudes. Mas não basta só parecer uma marca forte e engajada com seus clientes; é preciso *ser* uma!

Pode parecer trivial, mas ainda existe quem deixa o branding em segundo plano, fora da lista de prioridades. Eduardo Vanzak mostra neste livro por que isso é um erro e ensina como trabalhar a marca de maneira prática e sem "tecnês". Crie marcas com alma busca desmistificar o branding tendo como ponto de partida a extensa experiência de sucesso de Eduardo como gestor e criador, e apresenta ao leitor um brandbook para criar, passo a passo, uma marca com propósito e relevância. Além disto, agrega também a experiência adquirida em sua agência de branding e marketing digital, a Vanzak Labs, onde ajuda diariamente empresas a construírem marcas de alto impacto.

Eduardo apresenta ao leitor o complexo tema de gestão e criação de marcas de forma clara, simples e acessível, inclusive para quem é novo no mundo do marketing e dos negócios. Este livro é um prato cheio para empreendedores e futuros empreendedores, e para qualquer pessoa que deseja lançar uma marca ou produto, criando algo que tenha identidade forte e clientes altamente engajados e fiéis. Para Eduardo, as marcas que têm clareza de propósito e, acima de tudo, têm alma, estão aptas a se tornarem inesquecíveis e ficarem para sempre na memória do consumidor.

Ao fim da leitura, você terá uma visão diferente do branding e de como ele é importante para a estratégia da sua empresa. Faça dele seu livro de cabeceira, inspire-se e coloque em prática tudo o que aprender. Boa leitura!

Joel Jota

Autor best-seller do livro Esteja, viva, permaneça 100% presente, ex-nadador da seleção brasileira e mentor de alta performance

AS MARCAS QUE REALMENTE
DESPERTAM A ATENÇÃO SÃO AQUELAS
QUE SE CONECTAM COM SEUS CLIENTES
EM UM NÍVEL MAIS PROFUNDO:
GERAM FORTES CONEXÕES PORQUE
TÊM PROPÓSITOS E VALORES QUE
ESTÃO SINTONIZADOS COM OS DELES.
OU SEJA, TÊM *ALMA*.

SUM

COMO USAR ESTE LIVRO	**19**
INTRODUÇÃO **EMPREENDEDORISMO: O ÚNICO CAMINHO**	**20**
CAPÍTULO 01 **MARCAS TÊM ALMA?**	**32**
CAPÍTULO 02 **NÃO SUBESTIME O PODER DE UMA MARCA BEM CONSTRUÍDA**	**44**
CAPÍTULO 03 **TUDO COMEÇA COM UM PROPÓSITO**	**52**
CAPÍTULO 04 **PRODUTO FORTE E NOME MARCANTE:** **SUA MARCA ESTÁ COMEÇANDO A NASCER**	**68**
CAPÍTULO 05 **A IDENTIDADE DA SUA MARCA**	**84**

ÁRIO

CAPÍTULO 06
POSICIONAMENTO DE MARCA
102

CAPÍTULO 07
ENTENDENDO O SEU PÚBLICO E A CONCORRÊNCIA
114

CAPÍTULO 08
DÊ VIDA À SUA MARCA
126

CAPÍTULO 09
VALIDE O BRANDING QUE CRIOU
136

CAPÍTULO 10
HORA DE ACIONAR O MARKETING
146

CAPÍTULO 11
O ÚNICO PLANO DE MARKETING DE QUE VOCÊ VAI PRECISAR
156

CAPÍTULO 12
CONSTRUA UMA MARCA QUE DURA NO TEMPO
178

COMO USAR ESTE LIVRO

Este é um livro prático. A cada capítulo, você encontrará exercícios para fazer. Aproveite esses espaços para rascunhar e escrever as ideias que surgirem. Escreva o quanto achar necessário.

Quando tiver certeza de que chegou à ideia final de cada exercício proposto, vire o livro ao contrário e preencha o *brandbook* que se encontra nas últimas páginas. No fim da leitura, você terá um *brandbook* completo da sua marca, além de um plano de marketing estratégico pronto para ser acionado.

Espero que goste da experiência. Este livro foi pensado para que você viva cada aprendizado imediatamente, tornando-se não só uma leitura, mas uma experiência de criação de marca.

Para ter acesso a materiais de apoio para a construção do seu *brandbook*, a vídeos que acompanham o livro e a outros arquivos complementares, acesse o QR code ao lado:

www.brandclass.com.br/materiais

INTRODUÇÃO

EMPREENDEDORISMO: O ÚNICO CAMINHO

Olá, eu sou o Eduardo. Aqui, eu deveria me apresentar em uma frase, mas é bem difícil para um empreendedor fazer isso de maneira tão resumida. Vestimos inúmeros chapéus nos nossos negócios, fazemos desde o marketing até o financeiro, muitas vezes começamos vários negócios até um deles dar certo e vários de nós, depois de ter o primeiro negócio bem-sucedido, criam novamente outros do zero, porque aquela vontade de começar algo novo é tão viciante que você quer senti-la outra vez. Acho que já deu para perceber que este é o meu caso, né? E foi criando diversas marcas do zero que aprendi o que vou lhe ensinar neste livro, de maneira prática e direta.

Enquanto escrevo esta introdução, passa na minha cabeça um filme de todos os negócios que comecei desde que iniciei a minha jornada empreendedora – aos 14 anos – até hoje, quinze anos depois. Ao longo desse tempo, foram vários CNPJs abertos, alguns fechados, muito aprendizado, inúmeras conquistas e desafios. Tenho 29 anos, sou um empreendedor serial, investidor, coCEO da Desinchá, membro das listas Forbes Under 30 e GQ Men of The Year, Empreendedor Endeavor, sócio da agência de branding e marketing digital Vanzak Labs e idealizador do curso on-line "O poder da marca forte" na minha plataforma de ensino sobre branding, a Brand Class. E, acima de tudo, sou viciado em construir marcas do zero.

Quero contar um pouco da minha história antes que você mergulhe neste livro. Nasci em Belo Horizonte, Minas Gerais, em 19 de junho de 1992. Meu pai é médico e minha mãe, dentista, mas os dois sempre tiveram negócios que criaram do zero, fora da área de formação deles, e eu sempre vivi nesse meio. Via como trabalhavam e a garra que tinham em empreender. Eles sempre foram a minha maior inspiração.

Aos 14 anos, li meu primeiro livro sobre empreendedorismo, *O mito do empreendedor*, de Michael E. Gerber,[1] e fiquei apaixonado por todos os conceitos que ele falava sobre como organizar um negócio. Comecei a me interessar pelo assunto e comprei outro livro: *Quem pensa enriquece*, de Napoleon Hill.[2] O autor dizia que um dos principais fatores do sucesso é ter foco e que, para ser muito bom em alguma área, você deve ter foco nela. Lembro-me como se fosse hoje de que, quando eu estava lendo, concluí que queria focar minha vida no empreendedorismo e coloquei na minha cabeça que só iria aprender a empreender empreendendo.

Dos 14 aos 18 anos, tentei começar diversos pequenos negócios, sempre com um investimento próximo de zero e fazendo de tudo: desde o site até o marketing. Aprendi muito nessa época. Li mais de cinquenta livros de negócios e marketing em três anos. Confesso que foi bem desafiador. Eu era o amigo que nunca aparecia nas festas e nos encontros da turma porque estava sempre estudando sobre negócios e tentando começar algo meu.

Apesar de tanto estudo, só na prática aprendi como é difícil gerar vendas na internet e como é desafiador vender produtos sem uma marca forte. Eu comprava alguns produtos no atacado e tentava revendê-los on-line, me dedicava muito, mas, mesmo assim, meus negócios não

---

1 GERBER, M. E. **O mito do empreendedor**. São Paulo: Saraiva, 1996.
2 HILL, N. **Quem pensa enriquece**. Porto Alegre: Citadel, 2018.

decolavam. Foi aí que tive uma lição muito importante: preço baixo não pode ser o diferencial. Sempre haverá alguém disposto a vender mais barato, principalmente se você for um pequeno empreendedor. Eu tinha que buscar um diferencial de verdade. Foi aí que descobri a criação de marcas, o branding, e todas as etapas que diferenciam e agregam valor ao produto: a marca é a porta de entrada de uma empresa, e a primeira impressão é a que fica. Até esse momento, branding era irrelevante para mim. Mas, quando passei a estudar mais o assunto, me dedicando à leitura de grandes referências como Philip Kotler e David Ogilvy, matei a charada: ter uma marca era um diferencial. E dos melhores!

Resolvi, então, colocar todos os meus esforços na criação de uma marca. Diferentemente das outras vezes, eu não me preocupei em só abrir um novo negócio. Eu não queria vender só um produto, mas um conceito. Criei um nome e trabalhei um posicionamento *premium* no segmento de roupas, com o qual minha família já tinha experiência. Mais uma vez, me dediquei 100% a esse novo negócio, que chamei de Unity Seven e tenho até hoje. Eu mesmo desenvolvi a loja on-line da empresa, criei a logomarca, escolhi as cores e fiz o slogan. Quando estava começando, conheci uma estilista muito talentosa e contei-lhe minha visão. Ela acreditou no projeto e passou a desenhar as peças. Eu cuidava da produção, do financeiro e de todo o resto.

O negócio começou a dar certo. Além das vendas on-line, lojas físicas começaram a me procurar querendo revender as peças. Minha família entrou no negócio e crescemos rapidamente. Em dois anos, a marca já faturava 5 milhões de reais por ano. Foi a primeira vez que senti a força do trabalho de branding. Estava feliz com o sucesso e com o retorno financeiro do negócio, e, quanto mais ele crescia, mais exigia de mim.

Eu estava começando a faculdade de Administração e, enquanto estava nas aulas, não parava de trabalhar. O negócio exigia cada vez mais de mim, e o meu sonho de ver um negócio que comecei do zero prosperar foi, aos poucos, se tornando um pesadelo. Eu só tinha tempo para o trabalho e, mesmo com o retorno financeiro do negócio só crescendo, eu ia ficando cada vez mais infeliz com a minha rotina. Foi nessa fase que percebi que o que estava faltando era um propósito maior por trás de tudo que eu estava fazendo. Queria trabalhar com algo que pudesse gerar impacto positivo no mundo e em que eu realmente acreditava.

NASCE A DESINCHÁ

Eu tinha uma certeza: meu caminho era o empreendedorismo. Disso eu não tinha dúvida. Mas queria uma empresa que tivesse a ver com o meu propósito pessoal. Sempre gostei muito de pesquisar e ler tudo o que podia sobre nutrição e vida saudável, mas não via como transformar essa paixão no meu trabalho.

Nesta época, também já tinha alguns nomes de empresas registrados. Criei esse hábito quando comecei a estudar *naming*, o processo de criação de nomes para marcas. Eu inventava um bom nome e já fazia o registro no Inpi (Instituto Nacional da Propriedade Industrial). Aprendi a fazer esses registros sozinho para não gastar com advogados, porque não tinha dinheiro disponível na época. Um desses nomes que registrei foi Desinchá, pensando em criar uma marca de chás.

Comecei a analisar todas as ideias que tinha tido e os nomes que havia registrado e concluí que a ideia de empresa que mais se conectava com meu propósito era a da Desinchá. Passei a trabalhar sozinho no projeto e, no meio-tempo, conheci Lohran, que se tornou um grande amigo e hoje é meu sócio. Éramos da mesma sala na faculdade e ele também estava buscando fazer algo com um grande propósito por trás. Então, em 2015, resolvemos fazer uma viagem de imersão ao Vale do Silício, nos Estados Unidos, que nós mesmos organizamos para conhecer as grandes empresas de tecnologia que ficam lá, como Google, e também visitar uma feira de tecnologia chamada TechCrunch Disrupt. Nós dois não parávamos de falar na ideia de fazer algo com propósito, mas na época ainda não sabíamos que faríamos algo juntos.

Como falei, o objetivo da viagem era conhecer as grandes empresas e startups de tecnologia, mas onde passávamos mais tempo era no Whole Foods Market, rede de supermercados voltada ao estilo

QUERIA TRABALHAR COM ALGO
QUE PUDESSE GERAR IMPACTO
POSITIVO NO MUNDO E EM QUE
EU REALMENTE ACREDITAVA.

de vida saudável. Lohran também tinha um grande interesse pessoal em pesquisar tudo sobre vida saudável e ficamos alucinados com a grande quantidade de marcas disponíveis na loja com propósitos e produtos incríveis.

Lá, compartilhei com ele o projeto em que estava trabalhando, a Desinchá, e ele gostou na hora. Começamos a pesquisar mais sobre o mercado de chás. Descobrimos que era a segunda bebida mais consumida no mundo e que, no Brasil, esse hábito ainda não estava estabelecido. O que muitos enxergariam como um desafio ou um mercado pequeno, vimos como uma oportunidade. Lá no Whole Foods, a seção de chás era, praticamente, do mesmo tamanho que a de café e isso nos chamou a atenção. Mesmo que o brasileiro não consumisse chá diariamente, seria uma boa porta de entrada para algo em que acreditávamos: uma vida mais saudável.

Ficamos tão empolgados com a ideia que, na viagem de volta, dentro do avião, já criamos o propósito, a missão e a visão dessa nova empresa. Os próximos passos seriam cuidar da fórmula do chá e criar um branding potente. Afinal, a minha marca de roupas já tinha me ensinado como essa etapa era importante.

Enfrentamos inúmeros desafios para lançar o produto, e todo o processo desde a volta da viagem até o lançamento demorou cerca de dois anos. O primeiro obstáculo foi lidar com a desconfiança das pessoas. Quando falávamos a ideia, ninguém acreditava que poderia dar certo. "Quem vai tomar chá no calor do Brasil?" acho que foi o feedback mais recorrente que tivemos. Se o propósito por trás da empresa não fosse tão conectado com nosso propósito pessoal, com certeza teríamos desistido com tantos feedbacks negativos.

Outro desafio foi criar a fórmula do chá. Nosso objetivo era criar um produto que fosse muito saudável e também saboroso. O chá-verde é uma das ervas com o maior número de pesquisas científicas encontradas, e faz parte da medicina chinesa tradicional há anos. Ela é o principal componente do Desinchá e essencial na sua fórmula, mas tem um sabor muito amargo que dificulta o seu consumo diário. A solução foi fazer uma mistura do chá-verde com sete outras ervas, na proporção exata, e assim criar uma fórmula completa e com muito sabor – um dos grandes diferenciais do Desinchá. Sabíamos que tínhamos um produto incrível para lançar, com uma fórmula inovadora.

Outro desafio foi o pouco capital que tínhamos para lançar todo o projeto. Tínhamos 30 mil reais para colocar a empresa em pé e fazer tudo que fosse necessário para lançar o produto: desde a fórmula até a produção, marketing e venda. Sabíamos que era pouco, mas isso não nos assustava.

Eu sempre comecei meus negócios com pouco dinheiro. O que eu fazia era aprender todo o possível para fazer sozinho. Como já falei, eu estudava aquilo de que precisava e colocava em prática. Assim, eu e Lohran aprendemos a fazer sites, a tirar fotos, a lidar com as redes sociais como meios de divulgação, aprendemos sobre branding e muito mais. Quando começamos com pouco é que temos a oportunidade de usar ainda mais a criatividade para dar um jeito de aquilo ir em frente. E foi o que fizemos.

O próximo passo era criar a identidade do produto e todo o seu branding. Sabíamos que, para criar um novo hábito, o do consumo de chá no Brasil, precisaríamos ter uma comunicação incrível, que aproximasse a marca do cliente. Escolhemos a cor – o verde degradê – que, além de ter ligação com saúde, também indica transição; era justamente o que a gente queria: que as pessoas assumissem um novo hábito diário e usassem a Desinchá como porta de entrada para uma vida saudável. Também concluímos que não adiantava fazer uma caixa de chá com dez unidades, como as demais marcas. Se a ideia era mudar o hábito, a caixa precisava ser maior. E definimos que teria sessenta unidades porque sessenta dias é o tempo médio que se leva para criar um novo hábito.[3]

---

3 LALLY, P.; VAN JAARSVELD, C.H.M.; POTTS, H.W.W.; WARDLE, J. **How are habits formed**: Modelling habit formation in the real world. European Journal of Social Psychology, 16 jul. 2009. Disponível em: https://onlinelibrary.wiley.com/doi/10.1002/ejsp.674. Acesso em: 28 jul. 2021.

E mais: criamos todo um design de embalagem que conversava com o consumidor em primeira pessoa. A caixa do chá tinha textos em um tom informal e divertido, como um bate-papo entre amigos. Além disso, incluímos na parte interna um link para o consumidor baixar materiais que o ajudassem a viver de modo mais saudável. Começamos com um e-book sobre nutrição, assinado por nutricionistas, e depois mudamos para videoaulas, com diversos temas sobre saúde com profissionais da área. Hoje oferecemos um curso completo gratuito, de sessenta dias de duração, em nosso site, com treinamentos, receitas e exercícios.

Trabalhamos muito esse conceito porque queríamos entrar no mercado com um posicionamento totalmente diferente de tudo que já existia, e foi aí que encontramos nosso outro desafio: como ensinar o brasileiro, que ainda não tinha o hábito diário de tomar chás, a entender esse novo conceito? A solução foi partir para a internet. Ficamos quase um ano publicando posts no Instagram sobre dicas de vida saudável. Eram dez posts por dia! Como ainda não tínhamos o produto, fomos trabalhando aos poucos essa ideia de vida saudável. Em oito meses, conseguimos pouco mais de 8 mil seguidores orgânicos. Era uma preparação para o lançamento que estava chegando. Também criamos, nós mesmos, o site em que o produto seria vendido.

Nós estávamos trabalhando muito mais do que antes. Além das empresas que já tínhamos (eu continuava com a marca de roupas e o Lohran estava desenvolvendo um infoproduto de construção de hábitos), ainda tínhamos a faculdade. Restava o horário da madrugada para nos dedicarmos à Desinchá. Trabalhávamos das 21h às 2h da manhã, todos os dias, e chamávamos essa nossa jornada de terceiro turno. O primeiro era a faculdade, o segundo, a empresa de cada um e o terceiro, a nossa grande paixão. Apesar de trabalhar mais do que nunca, eu já não sentia mais aquela carga de antes. Mesmo sem parar, estava feliz e fazendo algo alinhado ao que eu acreditava.

Em dezembro de 2017, lançamos a Desinchá com um estoque de 3.393 caixas de chá. Nossa meta era vender todo o estoque em três meses. Parecia um grande desafio, mas, três semanas depois, estava tudo esgotado. Isso nos mostrou que estávamos no caminho certo.

Porém, sabemos que não foi por acaso. Tínhamos um produto de qualidade, missão e propósito bem estabelecidos, um bom *market fit*[4] e acertamos ao apostar na experiência do cliente e em um marketing digital inovador. Além da pequena comunidade que construímos do zero no Instagram com posts diários sobre saúde, também mandamos nosso produto para influenciadoras digitais, e algumas delas o postaram organicamente, porque gostaram muito. Vimos o poder de uma recomendação real e, a partir daí, começamos uma estratégia de marketing com influenciadoras que já consumiam nossos produtos e as vendas on-line começaram a decolar.

Aos poucos, fomos ajustando outros detalhes do negócio. Um deles foi o modelo de vendas. No início, só vendíamos pelo site. Mas as pessoas nos procuravam querendo saber onde comprar e, assim, vimos que precisávamos ter pontos físicos. Mais uma vez, precisávamos criar uma demanda no mercado. Como fazer com que lojas do segmento de alimentação saudável se interessassem pelo nosso produto? A solução: nós mesmos ligávamos para essas lojas perguntando se tinha o produto, falávamos que era muito bom, que estávamos querendo comprar. Essa história despertava a curiosidade do lojista, que depois nos procurava para comprar o produto. Começamos a ligar para várias lojas de produtos saudáveis por dia e também pedimos para nossos familiares fazerem o mesmo. Deu muito certo!

Um ano e meio depois do lançamento, já tínhamos uma empresa com mais de cem pessoas na equipe, 1,5 milhão de caixas de chá vendidas, 20 mil pontos de venda e 5 milhões de seguidores nas redes sociais, tornando-nos uma das maiores comunidades de saúde do Brasil. E tudo isso com aquele investimento inicial de 30 mil reais, nunca colocamos mais nenhum centavo no negócio. Fomos reinvestindo a receita das vendas e crescendo cada vez mais. No momento em que

---

4 *Market fit* refere-se a quanto um produto satisfaz uma demanda do mercado. (N.E.)

escrevo este livro, somos uma das maiores empresas no segmento de chás e temos uma linha completa de nutrição. Além dos chás, temos também cafés especiais, vitaminas, *gummies* e outros produtos saudáveis. Não somos só uma marca, mas uma grande comunidade construída em torno do propósito de viver uma vida mais saudável.

Contei um pouco da minha história porque quero que você se inspire. Quero que, a partir de agora, enquanto estiver lendo este livro, lembre-se de que quando o seu propósito está à frente do negócio, tudo flui mais fácil.

O que você vai aprender nas próximas páginas foi o que eu descobri na prática – nas primeiras empresas que fundei e, principalmente, na Desinchá. Eu mostro como fazer o branding e como colocá-lo em prática da maneira mais fácil possível. A cada capítulo, proponho um exercício para que você vá completando e montando seu *brandbook*. Sempre fui muito prático: estudo a teoria, mas coloco o que aprendo na prática rapidamente para ver se aquilo dá algum resultado. E quero que você também faça isso. O caminho está aqui.

Você vai ver que um branding potente e uma estratégia de marketing digital são os dois ingredientes para construir uma marca forte e com alma. Vamos lá?

Um abraço,
Eduardo Vanzak

NÃO SOMOS SÓ UMA MARCA,
MAS UMA GRANDE COMUNIDADE
CONSTRUÍDA EM TORNO DO PROPÓSITO
DE VIVER UMA VIDA MAIS SAUDÁVEL.

01

MARCAS TÊM ALMA?

Quando um empreendedor decide abrir uma empresa, ele se preocupa com muitos fatores. O local onde a empresa funcionará, qual produto comercializará, o nome que terá, a abertura de um CNPJ, da conta jurídica em um banco e outros detalhes superimportantes. Mas há um fator que, na maioria das vezes, passa despercebido: o branding da empresa. Branding é mais do que escolher o nome e a logomarca que representarão o novo negócio. Tem a ver com a alma, com o propósito, com os valores e com o posicionamento da empresa. Vejo responsáveis pelo crescimento do negócio, sejam donos ou funcionários, reclamando que não conseguem fazer a empresa ir em frente justamente porque não investem em uma marca forte que se torne inesquecível para seu público.

Eu mesmo passei por isso. Como contei na introdução, já abri empresas que não decolavam apesar de eu seguir os conceitos de marketing. Isso porque marketing não resolve o branding e a falta de um propósito. Mas eu acreditava que isso era preocupação apenas de empresas grandes ou que tinham muito dinheiro – e equipe – para trabalhar essa questão. Puro engano.

Assim como eu, administradores e empreendedores querem começar o quanto antes a colocar a empresa em operação e acabam achando que esse processo de criar o branding só vai atrasar a abertura do negócio. No dia a dia, porém, quem cuida da parte estratégica do negócio sente na pele a dor de não ter uma marca bem definida. Os clientes demoram a entender o propósito do seu produto, não entendem bem o valor da sua marca ou a mensagem que ela quer passar e o negócio que tinha tudo para dar certo, simplesmente, fica travado. Mas o branding precisa nascer junto com a empresa, lá no dia zero. Ele pode até ser aprimorado durante a jornada, mas precisa ser definido antes da inauguração. E se a empresa já estiver aberta, precisa ser feito o quanto antes.

Quem não se preocupa com essa parte, além de ter dificuldade de convencer o consumidor, pode ver a situação ficar ainda pior. Se você tiver um bom produto, mas, por não executar o branding corretamente, não conseguir fazê-lo decolar, pode surgir um concorrente com um produto parecido com o seu, mas com uma gestão de marca estratégica e, embaixo dos seus olhos, crescer muito e rápido, deixando a sua empresa ainda mais para trás. O que essa pessoa fez, diferente de você, foi criar uma marca valiosa.

E por que você não fez o mesmo?

CONEXÃO COM O CLIENTE

Segundo Philip Kotler, um dos autores mais conhecidos quando o assunto é marketing, branding é dotar produtos e serviços com o poder de uma marca.[5] Para isso, segundo ele, é necessário ensinar aos consumidores o que é o produto batizando-o com elementos de marca (como nome, logomarca, slogan, cores, fontes) que ajudem a identificar bem a que ele se presta e, mais do que isso, por que o consumidor deve se interessar por ele.

Não confunda plano de marketing com branding, achando que ter o primeiro resolverá tudo. São duas coisas diferentes (e nós vamos falar sobre isso ao longo deste livro). O branding impulsiona o marketing. Um precisa do outro para sobreviver, mas o branding precisa vir antes.

Para entender essa separação, eu costumo comparar com o primeiro encontro de um casal. O marketing é o perfume, a roupa que a pessoa usa, enfim, é a sua aparência, o que causará a primeira impressão. É importante? Claro que sim, mas, nesse primeiro *date*, o branding é a conexão que nasce entre essas duas pessoas. É aquele papo que rende por horas sem você nem perceber quanto tempo durou e que faz com que surja a vontade de que o relacionamento siga em frente. O marketing abre portas. O branding cria a conexão com o cliente. E os dois constroem juntos uma empresa forte e duradoura.

Essa conexão com o consumidor vem da alma do negócio e desperta no cliente sensações que o fazem escolher entre um produto

---

5 KOTLER, P.; KELLER, K. L. **Administração de Marketing**. São Paulo: Pearson Education, 2019.

O MARKETING ABRE PORTAS. O BRANDING
CRIA A CONEXÃO COM O CLIENTE.
E OS DOIS CONSTROEM JUNTOS
UMA EMPRESA FORTE E DURADOURA.

e outro na hora da compra. Ou seja, é um fator essencial na decisão de compra. Por isso, nenhuma marca mais pode se dar ao luxo de ser superficial. O mesmo vale para os criadores de conteúdo que, mesmo sendo pessoas físicas, precisam se enxergar como marcas. Quem quer se firmar nas redes sociais e influenciar pessoas precisa mostrar para seus seguidores os seus valores verdadeiros.

O consumidor, assim como os usuários das redes sociais, está mais exigentes e consegue distinguir claramente as empresas com alma daquelas sem alma. A Apple é um ótimo exemplo. Ela é considerada a marca mais valiosa do mundo,[6] e isso não é só pela qualidade dos seus produtos, mas também pelo branding. Seus anúncios, geralmente, não focam as qualidades técnicas dos celulares e notebooks, mas o propósito de cada um desses produtos, como a mensagem de que as pessoas que usam Apple fazem a diferença e são capazes de mudar o mundo. Outras marcas podem até ter celulares mais tecnológicos ou computadores mais potentes, mas nenhuma delas tem fila na porta quando lança um novo produto.

Um exemplo brasileiro é o Nubank. O branding da *fintech*[7] carrega a mensagem de que seus clientes são pessoas descoladas, à frente do seu tempo, pois acreditam em um modelo de relacionamento bancário diferente do tradicional. Essa conexão é tão forte que exibir o cartão roxo (essa cor virou um identificador da marca) é motivo de orgulho dos clientes.

Mas você não precisa ser uma Apple ou um Nubank para criar essa conexão tão poderosa com os clientes. Partindo de um nível básico, todos os negócios podem se beneficiar quando fortalecem a sua marca. Mostrarei como fazer isso.

---

6 SWANT, M. As marcas mais valiosas do mundo em 2020. **Forbes**, 28 jul. 2020. Disponível em: https://forbes.com.br/listas/2020/07/as-marcas-mais-valiosas-do-mundo-em-2020. Acesso em: 18 fev. 2021.

7 *Fintech* é uma empresa que oferece serviços financeiros digitais com menos burocracias e a custos bem mais baixos que os bancos tradicionais. (N.E.)

MENSAGEM CLARA PARA O CLIENTE

Esse assunto é tão importante que, em um primeiro momento, não dá para delegar a tarefa a terceiros. Sugiro que o próprio dono da empresa sente e estabeleça como quer ser visto e o que fará para conseguir isso. É um erro comum entregar a responsabilidade para a equipe de marketing ou para uma empresa terceirizada no início das atividades. É claro que você poderá contar com apoio externo, mas, se é o dono, a missão principal é sua. Esse envolvimento é fundamental porque o branding nasce de uma verdade e não de um projeto que foi criado para ficar bonito apenas no papel, sem se materializar no dia a dia da empresa. Simon Sinek, em seu livro *Comece pelo porquê*,[8] explica que as pessoas não compram o que você faz, compram o porquê você faz isso. E o que você faz simplesmente demonstra aquilo em que você acredita. E qual é a melhor pessoa para dizer a verdade e mostrar no que acredita? Sem dúvidas, o fundador da empresa.

O ideal é começar definindo o propósito da empresa, um dos principais elos que a ligam ao consumidor. Em uma pesquisa realizada em vários países do mundo, inclusive no Brasil, a Accenture Strategy descobriu que 76% das pessoas são influenciadas pelos valores propagados pelas marcas na hora da decisão de compra. Em contrapartida, 65% afirmam que já desistiram de uma compra pelo fato de a marca não estar alinhada aos seus princípios.[9] Quando uma empresa consegue se conectar verdadeiramente com o seu cliente, até a percepção de valor muda. Ele não se importa em pagar mais pelo produto porque entende a sua qualidade e valoriza a conexão criada entre as partes.

Isso é incrível, não é? Por isso, ao longo deste livro, vamos falar sobre como achar o seu propósito e comunicá-lo para o seu público-alvo.

---

[8] SINEK, S. **Comece pelo porquê**: como grandes líderes inspiram pessoas e equipes a agir. Rio de Janeiro: Sextante, 2018.

[9] TERRA, T. Brasileiro decide compra a partir de marcas com mesmos propósitos e valores. **Mundo do marketing**, 19 jun. 2020. Disponível em: https://www.mundodomarketing.com.br/ultimas-noticias/38704/brasileiro-decide-compra-a-partir-de-marcas-com-mesmos-propositos-e-valores.html. Acesso em: 17 fev. 2021.

É importante se atentar também que tudo o que envolve a sua marca – propósito, nome, valores, entre outros atributos – precisa ficar claro para o consumidor assim que ele entrar em contato pela primeira vez com o produto. Veja bem, você, como dono da marca, ficou meses trabalhando nesse conceito e tem essa ideia bem clara na sua mente. O cliente, porém, não tem esse tempo para aprender. Ou ele entende sua mensagem e do que se trata o seu produto em trinta segundos, ou já esquece e toca o barco adiante. E, nessa viagem, ele vai se deparar com uma outra marca com um branding forte e é por ela que se apaixonará.

Portanto, não se esqueça de que existem marcas incríveis, com produtos incríveis, mas que acabam morrendo porque o branding era muito confuso.

Você não quer que seu produto ou serviço tenha esse fim. Eu sei disso.

Um branding bem feito eleva o resultado de marketing do seu negócio e o dinheiro investido tem um retorno positivo, possibilitando o crescimento sustentável da empresa. Além disso, a conexão criada com o consumidor gera desejo de compra e leva a um relacionamento duradouro. E o que é melhor para um negócio do que a fidelidade dos seus consumidores?

Um estudo publicado pela *Harvard Business Review* mostrou que os clientes que desenvolvem algum vínculo com as empresas

QUANDO UMA EMPRESA CONSEGUE
SE CONECTAR VERDADEIRAMENTE
COM O SEU CLIENTE, ATÉ A
PERCEPÇÃO DE VALOR MUDA.

são extremamente desejáveis. Eles são descritos como clientes totalmente conectados e são 52% mais valiosos, em média, do que o cliente altamente satisfeito. Eles compram mais produtos das marcas com as quais se conectam.[10]

Há várias marcas que conseguiram criar essa conexão forte com os seus clientes, e a Desinchá é só um exemplo. Para isso, a marca cria muito conteúdo nas redes sociais, como vídeos de receitas saudáveis e dicas de saúde e nutrição, mostrando que o seu propósito é muito além de vender produtos incríveis: é ensinar o caminho para uma vida saudável.

A Hidratei, marca especializada em produtos de tratamentos para o cabelo da qual sou cofundador, é outro exemplo. Já no seu lançamento, os produtos esgotaram rapidamente, mesmo sem grande investimento em marketing. Isso porque apostamos na força das redes sociais e conseguimos nos conectar com as pessoas ao apostar no propósito de oferecer um produto vegano, que respeita a natureza e que soluciona uma dor real: a necessidade de hidratação do cabelo. Além disso, a cada produto vendido, a marca doa um litro de água para o abastecimento de comunidades carentes.

Outros exemplos de marcas que têm um propósito muito forte são a Pantys, marca que vende calcinhas, sutiãs e biquínis absorventes reutilizáveis e sustentáveis,[11] e a Fazenda Futuro, uma *foodtech*[12] brasileira que cria carnes vegetais com a mesma textura, suculência e gosto da carne animal com o propósito de proporcionar a mesma experiência, porém sem promover o sofrimento dos animais e com muito menos impacto

---

[10] MAGDIS, S.; ZORFAS, A.; LEEMON, D. The New Science of Customer Emotions. **Harvard Business Review**, nov. 2015. Disponível em: https://hbr.org/2015/11/the-new-science-of-customer-emotions. Acesso em: 18 fev. 2021.

[11] ROVANI, A. Elas apostam em calcinha absorvente, crescem 30% e querem ser líder global. **UOL Universa**, 5 ago. 2021. Disponível em: https://www.uol.com.br/universa/noticias/redacao/2020/08/05/ha-tres-anos-elas-lancaram-calcinha-absorvente-e-crescem-30-na-pandemia.htm. Acesso em: 3 jun. 2021.

[12] Empresas que usam a tecnologia para oferecer novos produtos alimentares. (N.E.)

ambiental.[13] No exterior, além da Apple, há outras que se preocupam em ter um propósito forte, como a Lululemon, que vende roupas para a prática de ioga e criou uma grande comunidade em torno do assunto. Ela está avaliada em 29 bilhões de dólares e cresceu 186,8% em menos de dois anos.[14]

No meu podcast, entrevisto fundadores de marcas que admiro. Acesse o QR Code ao lado para ouvir. https://sptfy.com/6fud

Em contrapartida, um branding não feito ou malfeito dificulta que a marca estabeleça conexão com os clientes, impede a empresa de crescer e os investimentos em marketing de gerarem vendas. Quando um empresário se depara com esse problemão, ele frequentemente desiste do negócio, sem ao menos identificar a causa. Muitas vezes, a culpa de o negócio não ter dado certo é atribuída à má gestão ou a qualquer outro problema ligado à administração, quando, na verdade, ele deveria abrir um pouco a mente e enxergar que precisa urgentemente criar uma marca forte para fazer seus negócios prosperarem. E esse é o tipo de coisa que indicador nenhum mostra. É preciso ter *feeling*, sensibilidade para entender o que está acontecendo e mudar o rumo da situação.

Criar uma marca com alma, que cresça além do mercado, exige que você siga uma metodologia, mas não é um bicho de sete cabeças. Vejo empresários que começam a pesquisar como fazer branding e marketing, deparam-se com explicações teóricas demais, e, diante do pouco tempo disponível que têm até abrir a empresa, acabam

---

[13] AMORIM, L. Carne de plantas a mil: Fazenda Futuro recebe aporte de R$ 115 milhões. **Exame**, 1 set. 2020. Disponível em: https://exame.com/negocios/fazenda-futuro-carne-de-planta-aporte/. Acesso em: 3 jun. 2021.

[14] ORAZEM, E. Lululemon: a empresa de roupas de yoga que virou Wall Street do avesso. **Neofeed**, 19 dez. 2019. Disponível em: https://neofeed.com.br/blog/home/lululemon-a-empresa-de-roupas-de-yoga-que-virou-wall-street-do-avesso/. Acesso em 3 jul. 2021.

deixando para lá. Mas eu vou mostrar como essa tarefa pode ser simples e você pode realizá-la enquanto lê o livro. Muitos profissionais de marketing ficam em uma constante briga de qual é mais importante – branding ou marketing – e, na minha experiência prática, concluí que uma não é mais importante que a outra e, sim, uma complementa a outra. No método que vou ensinar, vamos unir o melhor das duas áreas para criar uma marca forte e com alma.

Quero destravar o potencial do seu negócio. Aprendi isso com anos de erros e acertos e posso ajudar a encurtar o seu caminho. Chegou a hora de você entrar nesse jogo e colocar, definitivamente, o branding e o marketing no checklist ao abrir um negócio.

MUITOS PROFISSIONAIS DE MARKETING FICAM EM UMA CONSTANTE BRIGA DE QUAL É MAIS IMPORTANTE – BRANDING OU MARKETING – E, NA MINHA EXPERIÊNCIA PRÁTICA, CONCLUÍ QUE UMA NÃO É MAIS IMPORTANTE QUE A OUTRA E, SIM, UMA COMPLEMENTA A OUTRA.

02

NÃO SUBESTIME O PODER DE UMA MARCA BEM CONSTRUÍDA

Imagine que você está navegando em algum portal na internet ou olhando suas redes sociais quando se depara com uma propaganda ou um post de um novo produto. De imediato, algo chama a sua atenção e você continua pesquisando sobre ele e se encantando com os benefícios. Isso aconteceu porque, provavelmente, ele podia resolver alguma dor sua naquele momento. Mas só isso não seria suficiente para tanto interesse. Você parou ali mais tempo do que pararia em outra página que soluciona a mesma dor porque a marca é forte e bem construída.

Uma marca forte e bem construída tem uma mensagem clara que envolve quem a recebe porque a pessoa consegue entender, em poucos segundos, por que ela existe e o problema que ela resolve. Agora imagine isso acontecendo com a sua marca. É o sonho de qualquer empreendedor.

Mas por que certos empreendedores conseguem criar marcas fortes e outros não? Para mim, a resposta é clara: falta uma metodologia simples que ensine a construir esse branding de sucesso. Além disso, falta cultura ao empreendedor brasileiro para pensar a marca a partir da sua essência e do seu propósito. Pensa-se em fazer um belo trabalho de divulgação, coloca-se o marketing inteiro para trabalhar, mas o branding fica de fora dessa fórmula.

Quando trabalha bem a marca antes do lançamento, você aumenta as chances de o marketing dar o retorno positivo tão esperado. E mais: aumenta, consideravelmente, as chances de trazer mais dinheiro para a empresa. Isso mesmo. Há empresas que preferem direcionar a verba de comunicação toda para o marketing. Afinal, são as estratégias desse departamento que fazem com que sua mensagem ou a sua marca alcance o maior número de pessoas. E, de fato, marketing é um amplificador.

Mas imagine o que acontece se essa mensagem que é entregue pelo marketing não for bem trabalhada, se não for testada com antecedência. Você acaba jogando holofote em algo que não sabe se despertará o interesse do consumidor. Por isso, não adianta colocar dinheiro para ver o seu produto ser anunciado em um intervalo comercial de TV se quem receberá essa mensagem não estiver preparado para isso. Se a marca não for testada, você corre o risco de colocar toda a sua verba em algo que não vai gerar interesse e, portanto, não vai converter. Isso significa que, mesmo com um trabalho incrível de marketing, os clientes não virão para o seu negócio. Consequência: a empresa não atinge suas metas e corre o risco de quebrar ainda nos primeiros anos de operação.

E isso não é raro. Existem milhares de empresas nesta situação. No Brasil, a cada dez empresas que são abertas, três fecham as portas já no primeiro ano após a inauguração. Dois anos depois, dessas dez, somente seis continuam em pleno funcionamento. O cenário é ainda mais assustador cinco anos após a abertura: apenas três empresas permanecem de portas abertas. Portanto, sete desistem e encerram suas operações.[15]

Os motivos que levam as empresas a fecharem são inúmeros e, entre eles, está a falta do branding. Quando uma marca é bem construída, a empresa cria uma aproximação com o consumidor que a coloca em outro patamar. Mas o empresário brasileiro é muito resistente. Ele acha que a solução para todos os problemas é vender mais e a qualquer custo. Portanto, ele sai criando ofertas, fazendo prospecção, mas continua a ouvir "não".

Numa crise, ele precisa sair desse *looping* de vendas e mais vendas que não trazem resultados, dar um passo para trás e recomeçar fazendo o branding.

Eu proponho, inclusive, trabalhar o branding e o marketing em momentos separados. Primeiro, fortaleça a marca e, depois, faça o marketing. Diferente de uma soma matemática em que a ordem dos fatores não altera o resultado, aqui, altera sim – e muito. A definição da

---

15 IBGE. Demografia das Empresas e Estatísticas de Empreendedorismo 2018. **Agência IBGE**, 22 out. 2020. Disponível em: https://agenciadenoticias.ibge.gov.br/agencia-sala-de-imprensa/2013-agencia-de-noticias/releases/29206-demografia-das-empresas-em-2018-taxa-de-sobrevivencia-das-empresas-foi-de-84-1. Acesso em: 14 abr. 2021.

marca é um ponto importante em qualquer empresa. É nesse momento que se define a personalidade da companhia – o que ela é, o que se propõe a fazer e para que existe. Sem esses pilares definidos, possivelmente, você terá uma estratégia de marketing incompatível com os objetivos que deseja. Lembre-se: no início da sua operação, a estratégia é mostrar a sua marca não para o maior número de pessoas, mas para um grupo reduzido. Depois testar, trabalhar a aproximação com mais clientes e só então distribuir a mensagem atingindo um público cada vez maior. Aí, sim, o marketing entra em ação.

Você acha que construir uma marca forte é perda de tempo? Acha que dá muito trabalho e que só vai queimar dinheiro?

Esse é um pensamento limitante. Investir na construção da sua marca não é desperdiçar dinheiro. Desperdiçar dinheiro é distribuir sua marca para um grande número de pessoas sem que ela seja poderosa o suficiente para cativar o cliente.

Fazer branding exige duas coisas: comprometimento e conhecimento de técnicas que conduzam esse caminho. Branding não é intuição, mas metodologia. É essa metodologia que eu estou aqui para ensinar a você. Já falei neste livro que branding não é um bicho de sete cabeças. É fácil? Claro que não. Exige comprometimento, exige dedicação, exige amor. A construção de uma marca não é um processo rápido. E não vou mentir: também é bastante trabalhoso. Construir um negócio do zero requer responsabilidade, criatividade e disposição para estar aberto para os desafios que serão colocados (e, muitas vezes, empurrados à força) para a sua vida e a vida da sua marca. Porém, se você estiver disposto a encarar tudo isso, se achar que tem uma ideia incrível na cabeça, siga em frente. Vai valer a pena!

Quem abre uma empresa sem sentir paixão pelo que está fazendo já está começando errado. Você precisa se enxergar no mercado que escolheu, precisa ter ânimo para acordar todos os dias e passar horas se dedicando àquele projeto com que sonhou tantas vezes e que agora está se materializando. No começo haverá erros.

Afinal, a vida é feita de erros e acertos e assim também será na sua vida profissional. Não adianta pensar que vai acertar sempre. E isso não tem nada a ver com sua capacidade. O sucesso do seu negócio não pode estar atrelado ao seu valor como profissional ou como pessoa. Alguns ótimos profissionais criam negócios que não dão certo. Eu mesmo precisei passar quatro vezes por esse ciclo de montar um negócio até criar um que desse, realmente, certo. Tenha em mente: o erro virá, e o que você precisa fazer é evitar que se torne um problema. Daí a importância de testar, testar e testar.

QUERO SER GRANDE!

Testar nada mais é do que fazer seu MVP, sigla bem conhecida no meio empresarial que significa *Minimum Viable Product*. Traduzindo para o português, significa Produto Mínimo Viável e se refere ao teste da versão inicial de um produto antes dele ser colocado no mercado para verificar sua viabilidade, gastando o mínimo de recursos possível. Assim, o empreendedor vai conhecer na prática como o mercado recebe o seu produto, qual será o custo para fabricá-lo, vai entender se o cliente compreendeu o seu produto e se ele soluciona o problema. É uma prática muito utilizada em startups.

É isso que eu proponho que você faça com a sua marca. Comece pequeno e teste. Todo mundo quer ser grande. Todo mundo sonha com uma grande empresa, mas ninguém começa sendo o maior de todos. Um dia você será grande, mas antes precisa percorrer um caminho. Quem acelera demais na largada corre o risco de se perder e nem alcançar a linha de chegada.

Um dos problemas das marcas que morrem é que elas não passaram por essa fase de testes. Não se deram a chance de errar e acertar. Um grande erro. Se você não quiser repetir esse processo malsucedido, teste. Seu MVP, neste caso, será seu teste de branding e pode ser que tenha que repetir esse processo duas, três, quatro vezes. Mas pense que não está perdendo tempo e, sim,

QUEM ABRE UMA EMPRESA SEM SENTIR PAIXÃO PELO QUE ESTÁ FAZENDO JÁ ESTÁ COMEÇANDO ERRADO. VOCÊ PRECISA SE ENXERGAR NO MERCADO QUE ESCOLHEU, PRECISA TER ÂNIMO PARA ACORDAR TODOS OS DIAS E PASSAR HORAS SE DEDICANDO ÀQUELE PROJETO COM QUE SONHOU TANTAS VEZES E QUE AGORA ESTÁ SE MATERIALIZANDO.

aperfeiçoando a sua mensagem para tornar a sua marca forte. O mesmo vale para quem já tem uma empresa. Reinvente o seu branding a partir de agora. O bom profissional é aquele que persiste quantas vezes ele achar necessárias.

Comece mostrando seu produto e sua marca para os familiares. Se eles entenderem a proposta e gostarem, vá para a etapa seguinte, que é mostrar para um grupo maior: seus amigos. Depois, parta para as redes sociais. Você deve fazer essa tarefa mesmo antes do produto ser lançado. Nós começamos a criar as redes sociais da Desinchá antes de o produto existir para o mercado. Como já contei, passamos quase um ano publicando posts diários sobre saúde e alimentação saudável – conteúdos alinhados ao nosso branding – e, aos poucos, fomos trazendo os conceitos da marca e os benefícios do produto. Assim, além de criarmos expectativa, pudemos testar se a nossa mensagem estava sendo direcionada para o público-alvo correto e se estava sendo bem interpretada. Durante essa caminhada, fizemos os ajustes necessários. Se você começa grande, queima cartucho logo de cara e gasta um dinheiro que será necessário para seguir em frente.

Perceba que a ideia é ir escalonando a ampliação da sua comunicação à medida que sentir o interesse do público. Você começa com um grupo pequeno de, mais ou menos, dez pessoas – a sua família; parte para um grupo de amigos – quarenta ou cinquenta pessoas; amplia para as redes sociais – 500 a mil pessoas; e vai aumentando para 100 mil, 200 mil, 1 milhão de pessoas usando influenciadores e anúncios em redes como Google, Instagram e Facebook (vamos falar sobre isso no Capítulo 11). Nada deve ser feito de imediato, mas com calma e muita avaliação. Isso é importante. A sua marca não nascerá de um dia para o outro. Mas, quando você terminar de ler este livro, terá todas as ferramentas para criá-la.

Saberá, além disso, identificar – e corrigir – os erros que o levam a não atingir o patamar que deseja. Um deles é errar o seu público-alvo. Fazer o branding para as pessoas erradas invalidará o seu trabalho. Afinal, não adianta tentar vender picanha para um público vegano. Assim como não adianta tentar vender combustível para quem ainda não tem um carro. O público-alvo é a base para o branding dar certo. E todo produto tem um público-alvo. Fuja daquela ideia de que seu produto é para todas as pessoas. Quem pensa assim, na verdade, não fala com ninguém.

Outra causa de uma marca não decolar pode ser a falta de um bom estudo de mercado. Quando você se debruçar sobre este tema, terá uma visão mais clara do segmento em que deseja atuar, conhecerá seus concorrentes e identificará oportunidades que poderá abraçar na sua área de negócio.

Agora que você entendeu por que as marcas morrem e descobriu que existe uma solução para esse problema – que é criar uma marca forte –, pode ser que ainda surja uma pequena objeção em seus pensamentos. Em algum momento, você deve ter pensado naquela marca que nasceu do nada, sem branding, sem marketing e que cresceu exponencialmente, ou seja, "caiu no gosto das pessoas". Pode até ser que isso tenha acontecido, mas foi pura sorte.

Sim, a sorte existe, mas não dá para contar com ela. É como a pessoa que faz um jogo na Megassena e ganha o prêmio principal. Ela é apenas uma entre milhões que tentaram. Tem certeza de que quer contar com esse fator no seu negócio? Eu acho que não.

A metodologia que criei foi testada e replicada muitas vezes com resultados extraordinários. Se você seguir direitinho as propostas que farei nos próximos capítulos e fizer os exercícios apresentados, aumentará muito as suas chances de sucesso. Portanto, siga em frente. Você vai começar a criar seu *brandbook* a partir do próximo capítulo.

03

TUDO COMEÇA COM UM PROPÓSITO

Antes de seguirmos juntos nessa caminhada rumo à construção de um branding para a sua empresa – aquela que você já tem ou está planejando ter –, existe algo que precisa estar claro para o seu cliente e para você também: o propósito da sua marca.

Eu digo claro para você porque há muitas marcas que nascem com planejamento financeiro perfeito, com um plano de marketing de dar inveja, mas sem saber qual é o propósito. E se você, que é proprietário, não tem ligação com a marca, imagina o seu consumidor? Há empresas que nascem simplesmente por uma demanda do mercado. O empreendedor vê uma oportunidade, investe e vai. Mas isso é só mais um negócio, sem qualquer conexão com algo ou com alguém. E as chances de dar errado só aumentam.

Saber o propósito de uma marca é entender mais do que para que ela existe ou dos benefícios que ela oferece, mas como pode fazer diferença e se tornar relevante para os seus clientes. Em outras palavras, como ela contribui para um mundo melhor.

Para o empreendedor, o propósito está em fazer aquilo em que ele realmente acredita e com que se identifica, aquilo que o move. Ter um propósito é saber aonde quer chegar e dispor de energia necessária para enfrentar essa trajetória.[16] Pode parecer abstrato demais para quem nunca parou para pensar nisso, mas você verá que, na verdade, é bem concreto.

Antes de criar a Desinchá, eu empreendi em outras áreas. Contei na introdução que abri meu primeiro negócio aos 15 anos, vendendo pela internet roupas importadas da China. Depois, abri uma marca própria de vestuário. Era um bom negócio? Sim. Ele cresceu, tinha bom retorno financeiro, mas eu sentia que faltava algo. Era o propósito. Empreender é maravilhoso, mas também é muito desafiador. E se não você não vir propósito naquilo que faz, esses desafios se tornarão ainda maiores.

---

16 ENDEAVOR BRASIL. **A propósito**: você sabe aonde quer chegar? 19 jun. 2015. Disponível em: https://endeavor.org.br/desenvolvimento-pessoal/proposito/. Acesso em: 27 abr. 2021.

Uma coisa é você se empenhar para resolver um problema sabendo que aquilo tem uma causa, tem um porquê. Outra coisa é resolver um problema só pelo problema mesmo. Quem já passou por isso entende bem o que estou falando. Quando você faz pela causa, empenha-se para resolver a questão, procura diferentes caminhos e não se cansa até achar a solução perfeita. Quando faz apenas pelo problema em si, quer terminar logo aquilo, mesmo que a solução não seja a melhor. Pelo menos, se livrou do caso. Essa situação se torna desgastante com o passar do tempo. Afinal, trabalhar duro pelo que você acredita se chama paixão. Trabalhar duro pelo que você não acredita se chama estresse. E isso atinge o dono da empresa, os funcionários e os clientes também. Você vai entender mais para frente como o propósito é importante para quem consome o seu produto.

Voltando à minha história pessoal, a Desinchá nasceu com um propósito que tinha tudo a ver comigo. Eu sempre fui ligado em assuntos que envolviam vida saudável; lia livros sobre o assunto, testei diferentes dietas e pratiquei vários esportes em minha adolescência.. Quando tivemos a ideia para a empresa, eu tive a oportunidade de alinhar aquilo em que acreditava com o poder de uma marca. Bingo! O brilho nos olhos era diferente, a criatividade era maior e a força que criei para empreender e vencer os desafios era muito maior do que quando eu estava trabalhando só pelo dinheiro. Durante os meses de planejamento, antes do lançamento, dediquei um nível de energia diferente. Aprendi na prática que nós só damos o nosso melhor quando estamos trabalhando por algo maior do que nós.

Todo mundo tem um propósito de vida ou, pelo menos, deveria ter. O propósito é aquilo que o motiva para seguir um objetivo. Pense na situação pela qual o mundo passou com a pandemia de covid-19. Muitas empresas foram afetadas com o fechamento do comércio e a crise econômica. Precisaram se reinventar, praticamente, da noite para o dia. Não foi fácil para ninguém. Mas quem tinha um propósito tinha algo maior para seguir em frente, porque sabia que o que o define é aquilo em que ele acredita, não o insucesso ou o problema que estava

PARA O EMPREENDEDOR, O PROPÓSITO ESTÁ EM FAZER AQUILO EM QUE ELE REALMENTE ACREDITA E COM QUE SE IDENTIFICA, AQUILO QUE O MOVE. TER UM PROPÓSITO É SABER AONDE QUER CHEGAR E DISPOR DE ENERGIA NECESSÁRIA PARA ENFRENTAR ESSA TRAJETÓRIA.

ocorrendo naquele momento. Então, algo maior que ele o fazia buscar uma solução para manter aquele negócio em pé.

Claro que os problemas são os mesmos para quem tem propósito e para quem não tem. O que eu vejo, porém, é que a maneira de lidar com esses desafios é diferente quando você acredita no que faz. E isso influencia até a cultura organizacional. Quando você trabalha no seu melhor, inspira a equipe de trabalho a copiar o exemplo e também a trabalhar sempre dando o máximo de si.

IDENTIFICAÇÃO COM O CONSUMIDOR

Em uma marca, não pode ser diferente. O propósito é o seu DNA, aquilo que a define e, mais, a coloca em contato direto com seu público-alvo. Como falei, não está ligado aos benefícios do produto ou a uma tecnologia na sua fabricação. Nada disso. Marcas com propósito causam impacto na sociedade em que estão inseridas, unindo clientes e colaboradores a um objetivo maior. Para elas, o lucro não vem em primeiro lugar, mas em equilíbrio com o bem-estar social e do meio ambiente.

Essa é uma cobrança que vem da própria sociedade. Cada vez mais, os consumidores buscam marcas que se preocupam com o que acontece ao seu redor. Uma pesquisa realizada pela CAUSE, em 2018, revelou que 77% dos consumidores esperam que as marcas contribuam mais para a sociedade do que contribuíam no passado, e 82% consideram muito importante que empresas demonstrem alto grau de responsabilidade.[17] Ou seja, as pessoas não compram o que você fabrica apenas, mas toda a história, conceito, responsabilidade social, posicionamento por trás daquele produto que está levando para casa.

---

17 LEMOS, F. O poder das marcas como propósito. **Meio&Mensagem**, 25 set. 2019. Disponível em: https://www.meioemensagem.com.br/home/opiniao/2019/09/25/o-poder-das-marcas-com-proposito.html. Acesso em: 29 abr. 2021.

Colocar essa responsabilidade no RG da empresa é tão importante que faz parte de um dos seis itens que são avaliados pela Ipsos para compor a lista das marcas mais influentes do Brasil. De acordo com o instituto de pesquisa, responsabilidade social é a diferença na sociedade que as pessoas esperam que as marcas façam. São classificadas como influentes as marcas que estão empenhadas em fazer a coisa certa, são ambiental e socialmente responsáveis, ativas na sociedade, defensoras de causas e apoiadoras da diversidade.[18] Em entrevista ao *UOL*, a *head* de Brand Health Tracking da Ipsos, Ana Hashizume, declarou que "o que se espera das marcas mudou. A covid-19 acabou potencializando o peso de outras dimensões, como confiança e responsabilidade social. Não basta estar presente ao lado do consumidor em um momento específico, tem também que ser consciente nessa atuação".[19]

Mas, para isso, o propósito precisa ser real. Jamais invente um propósito e engane o consumidor. Se você constrói um público fiel à sua marca e ao propósito que representa, ele pode até aceitar um atraso na entrega ou qualquer outra falha da sua empresa, mas não tolerará descobrir que a marca não é fiel aos seus valores – o que, em um mundo conectado, não é difícil descobrir. Pode demorar, mas, um dia, a verdade vem à tona. Então pergunto: de que adiantou trabalhar por tantos anos se agora sua marca vai para o ralo tão rapidamente?

Ter um propósito o diferencia da concorrência, e você vira mais do que uma marca, mas cria uma comunidade ao seu redor de pessoas que também dividem esse mesmo propósito. Isso gera recorrência de compra, fidelização do cliente e engajamento em redes sociais. Seu público não é só consumidor, mas fã da marca e

---

18 IPSOS. **The most influential brands no Brasil**. Disponível em: https://www.ipsos. com/sites/default/files/ct/news/documents/2021-04/Ipsos_MIB_2020_Brasil_PoV2.pdf. Acesso em: 29 abr. 2021.

19 PEZOTTI, R. Google, YouTube e Samsung são as marcas mais influentes do país, diz estudo. **UOL Economia**, 14 abr. 2021. Disponível em: https://economia.uol.com.br/ noticias/redacao/2021/04/14/estudo-aponta-google-como-a-marca-mais-influente-do-brasil.htm. Acesso em: 29 abr. 2021.

tem orgulho em dizer que a consome. E é isso que você consegue com o propósito correto.

ENCONTRE O SEU PROPÓSITO

Se você está criando uma marca ou aprimorando aquela que existe, já entendeu que não tem como fugir desse movimento: quem quer ter clientes precisa ter um propósito. Mas como encontrá-lo? Primeiro, ele precisa estar alinhado ao que você, empreendedor, acredita. Além disso, deve ser autêntico, relevante para a sociedade e inspirador para as pessoas que estão ao seu redor, seja o cliente ou o colaborador.

Para encontrar esse propósito, sugiro que você fique atento ao seu redor, àquilo que o move, às suas crenças. Pergunte-se: o que me desperta paixão? O que eu gostaria que fosse diferente no mundo? Como eu posso colaborar para essa mudança? Como o negócio que eu quero criar fará essa diferença?

Depois, você encontrará pontos em comum entre essas respostas. Aí está o seu propósito.

Se você já tem uma marca, acrescente mais três perguntinhas a essa lista: por que eu vendo o que vendo? Isso tem a ver com o meu propósito de vida? Faz diferença na vida das pessoas?

Depois que encontrar o seu propósito, vale também repensar a maneira como você apresenta o seu produto. Se vende roupa, o que você oferece ao seu cliente é mais do que tecido e moda, é autoestima e conforto. Se vende produtos orgânicos, seu propósito não é oferecer produtos feitos sem agrotóxicos, mas um estilo de vida mais saudável e uma alimentação livre de agentes tóxicos que possam prejudicar a saúde. A Dove, marca da Unilever, por exemplo, não vende apenas sabonetes, mas um mundo em que a real beleza não é definida por rótulos, mas é autêntica, única e real.[20] Já a Desinchá tem como propósito *criar produtos e tecnologias que transformem a vida das pessoas.* É muito mais do que vender chá. A Nike, por meio de suas roupas, quer levar inspiração e inovação para atletas de todo o mundo.[21] E a Havaianas não vende chinelos, mas a alegria de viver e o alto-astral do brasileiro.[22] Repare que nenhuma dessas máximas descreve o seu produto e seus benefícios, mas tudo o que está por trás da marca e que a aproxima do consumidor.

Não se preocupe caso o propósito não surja rapidamente. Vá construindo-o aos poucos. O importante é que ele esteja alinhado com você e com o seu negócio.

Uma vez definido o seu propósito, é preciso materializá-lo. Isso significa comunicá-lo ao maior número de pessoas e de todas as formas que conseguir. Coloque em seu site, faça posts nas redes sociais, vale colocar na embalagem do produto, em uma cartinha entregue junto da encomenda, em peças publicitárias. Isso precisa ser trazido para o dia a dia. Eu, sempre que vou apresentar a Desinchá, começo pelo propósito, missão e visão. Não há porque perder uma chance sequer de comunicar essa ideia. Treine sua

---

20 UNILEVER. **Dove**. Disponível em: https://www.unilever.com.br/brands/our-brands/dove.html. Acesso em: 3 maio 2021.

21 AZIZ, A. Nike e Kaepernick mostram o poder do propósito. **Forbes**, 6 set. 2018. Disponível em: https://forbes.com.br/negocios/2018/09/caso-nike-e-colin-kaepernick-mostra-o-poder-de-ter-um-proposito. Acesso em: 3 maio 2021.

22 HAVAIANAS. **História**. Disponível em: https://havaianas.com.br/history.html. Acesso em: 3 maio 2021.

equipe interna também. Todos precisam conhecer e entender esse propósito.

Lembre-se de que, hoje, mais do que produtos, as pessoas consomem causas. Pense nisso e não subestime o valor de um propósito. Você verá que ele é muito mais importante do que imagina para o reconhecimento da sua marca e para aumentar a lealdade dos consumidores. Nos próximos capítulos, você vai precisar recorrer ao seu propósito diversas vezes para concluir os demais passos para a criação do branding.

Por isso, proponho o exercício zero do seu branding: encontre o seu propósito. É zero porque é o ponto de partida. Pense nas questões que levantei neste capítulo e responda às quatro perguntas (o que me desperta paixão? O que eu gostaria que fosse diferente no mundo? Como eu posso colaborar para essa mudança? Como o negócio que eu quero criar fará essa diferença?). Se já tiver uma marca, não se esqueça de incluir as outras três (por que eu vendo o que vendo? Isso tem a ver com o meu propósito de vida? Faz diferença na vida das pessoas?) e anote as respostas. Não precisa fazer tudo de uma vez só. Escreva a ideia que está pipocando na sua mente agora. Amanhã ou depois – ou ao longo da leitura deste livro –, outras surgirão. Anote-as. O importante é começar. Depois, conecte essas ideias para encontrar o propósito da sua marca.

MARCAS COM PROPÓSITO CAUSAM IMPACTO NA SOCIEDADE EM QUE ESTÃO INSERIDAS, UNINDO CLIENTES E COLABORADORES A UM OBJETIVO MAIOR.

QUAL É O PROPÓSITO DA SUA MARCA?

O que me desperta paixão?

_____
_____
_____
_____
_____
_____
_____
_____
_____
_____

O que eu gostaria que fosse diferente no mundo?

_____
_____
_____
_____
_____
_____
_____
_____
_____
_____

Como eu posso colaborar para essa mudança?

_____
_____
_____
_____

Como o negócio que eu quero criar fará essa diferença?

Se já tem uma marca, responda:

Por que eu vendo o que vendo?

Isso tem a ver com o meu propósito de vida?

_____
_____
_____
_____
_____
_____
_____
_____
_____
_____
_____
_____

Faz diferença na vida das pessoas?

_____
_____
_____
_____
_____
_____
_____
_____
_____
_____
_____
_____

Agora que você respondeu a essas perguntas, chegou a hora de colocar a mão na massa e materializar o seu propósito em uma ou duas frases. Veja alguns exemplos para você se inspirar.

Disney: Criar felicidade para as pessoas.[23]

Tesla: Acelerar a transição mundial para o transporte sustentável.[24]

Nike: Trazer inspiração e inovação para todos os atletas do mundo. O objetivo é fazer o mundo avançar por meio do poder do esporte, quebrando barreiras e construindo comunidades para mudar o jogo de todos. Se você tem um corpo, você é um atleta.[25]

Google: Organizar a informação mundial e torná-la universalmente acessível e útil.[26]

Coca-Cola: Refrescar o mundo e fazer a diferença.[27]

Walmart: Vender por menos para as pessoas viverem melhor.[28]

---

[23] CESTARELLI, P. A arte de encantar clientes: cinco lições que aprendemos com a Disney. **Endeavor**, s.d. Disponível em: https://endeavor.org.br/pessoas/jeito-disney-encantar-clientes-5-licoes. Acesso em: 3 jul. 2021.

[24] ÉPOCA NEGÓCIOS. **Musk**: Tesla é o futuro do transporte sustentável e da geração de energia. 2 nov. 2018. Disponível em: https://epocanegocios.globo.com/Empresa/noticia/2018/11/musk-tesla-e-o-futuro-do-transporte-sustentavel-e-da-geracao-de-energia.html. Acesso em: 3 jul. 2021.

[25] NIKE. **Breaking Barriers**. Disponível em: https://purpose.nike.com. Acesso em: 3 jul. 2021.

[26] GOOGLE. **About Google**. Disponível em: https://about.google/intl/ALL_br/. Acesso em: 3 jul. 2021.

[27] COCA-COLA COMPANY. **Purpose and Vision**. Disponível em: https://www.coca-colacompany.com/company/purpose-and-vision. Acesso em: 3 jul. 2021.

[28] WALMART. **The Business of Better**. Disponível em: https://careers.walmart.com/values. Acesso em: 3 jul. 2021.

Repare que eles seguem uma estrutura parecida:

Criar _____ e _____ que _____ a vida das pessoas.

Ajudar as pessoas a _____.

Inspirar as pessoas a _____.

Criar um mundo onde _____.

Mudar _____ para que _____.

Levar _____ para a vida das pessoas.

Agora, é a sua vez de conectar essas ideias e escrever o propósito da sua marca:

_____

_____

_____

_____

_____

_____

_____

_____

_____

_____

_____

_____

_____

_____

_____

_____

_____

_____

O QUE ME DESPERTA PAIXÃO?
O QUE EU GOSTARIA QUE FOSSE
DIFERENTE NO MUNDO?
COMO EU POSSO COLABORAR
PARA ESSA MUDANÇA?
COMO O NEGÓCIO QUE EU QUERO
CRIAR FARÁ ESSA DIFERENÇA?

04

PRODUTO FORTE E NOME MARCANTE: SUA MARCA ESTÁ COMEÇANDO A NASCER

Como já expliquei, a construção de uma marca não acontece da noite para o dia, é o resultado de um esforço que envolve a criação de branding e um trabalho de marketing. O problema é que ainda há empresas que veem esses dois departamentos como áreas separadas ou, então, apostam todos os seus esforços em apenas uma delas. Mais: acreditam que não trazem resultados para a empresa. Acham que o branding não traz venda e que o marketing é só uma despesa. É um grande engano. O que percebi, ao longo da minha trajetória criando minhas próprias empresas e também auxiliando outras empresas a criarem marcas fortes, é que essas duas áreas se complementam – e, aqui, vou explorar mais isso.

A construção de uma marca forte começa trabalhando todo o conceito por trás do produto, como propósito, personalidade da marca, nome, cores, valores, missão, visão, entre outros. Seu principal objetivo é gerar identificação e interesse, e a forma de medir isso é analisando o percentual de consumidores, dentro do público-alvo, conectado com a marca. Quanto maior for esse número, melhor será para a empresa. Imagine que você tem um grupo de vinte pessoas no seu público-alvo. Se catorze se interessam pelo produto já nessa etapa, significa que 70% dos seus consumidores aprovaram a marca. Isso é um branding bem-feito. É o que eu chamo de validação do branding. Vamos falar sobre isso ao longo do livro.

Já o marketing amplia o que o branding criou, garantindo que o máximo de pessoas tenha contato com a sua marca. Diferentemente do branding, ele não é calculado em porcentagem, mas em números absolutos. Quanto maior forem os números do marketing, melhor. O caminho de sucesso de uma marca forte é a multiplicação do percentual do branding com o número absoluto do marketing. Se 70% do seu público-alvo se interessou pela marca e o marketing a mostra para 1 milhão de pessoas, você terá 700 mil clientes em potencial.

Portanto, não adianta criar um branding perfeito se você não tiver como propagá-lo. Da mesma forma, não adianta ter um marketing eficaz se a marca que será propagada não tiver sido bem trabalhada.

Por isso, a metodologia que eu proponho neste livro une esses dois lados. A primeira parte é focada no branding, e ensino o passo a passo para a criação de uma marca forte. Depois de tudo feito e validado, é momento de ativar o marketing e colocar a marca para jogo. O passo a passo virá nos próximos capítulos, por isso é importante fazer as lições propostas ao longo do livro. Como já falei, a ideia é ter um *brandbook* ao fim da leitura.

PREPARE O TERRENO

Pense na construção de uma casa. Antes de começar a subir as paredes, o primeiro passo é preparar o terreno, afinal, é ele que sustentará toda a estrutura. De nada adianta fazer uma casa maravilhosa, aquela dos seus sonhos, se o terreno não estiver forte o suficiente para suportá-la. É o mesmo que acontece com a sua marca, na qual o terreno é o seu produto ou serviço. Ele é o ponto de partida para a criação do branding: não adianta fazer uma construção de marca nota dez se o seu produto ainda não for bom.

Eu acredito que um bom produto é aquele que tem algo a mais que a concorrência. Mas isso não quer dizer que ele precise ser o *top* dos *tops*. Pode até parecer mentira, mas, em um mercado tão competitivo como o atual, até fazer menos se torna um atrativo. Isso mesmo! O Instagram é um bom exemplo. Quando a plataforma surgiu, em 2010, ela tinha menos funções que o Facebook e uma interface preparada para ser usada em dispositivos móveis, como o celular. O que a diferenciou foi justamente a simplicidade e a facilidade no uso. E deu supercerto! Um ano após a sua criação, já contava com 10 milhões de usuários e, em 2012, foi vendida para o seu concorrente – o Facebook – por cerca de 1 bilhão de dólares.[29]

Além desse diferencial quanto à concorrência, um bom produto gera a transformação do seu público-alvo. Quando criamos a

---

29 CANAL TECH. **Instagram**. Disponível em: https://canaltech.com.br/empresa/instagram/. Acesso em: 10 maio 2021.

Desinchá, não queríamos só vender mais um chá-verde ou de camomila, mas trazer um novo hábito saudável por meio de um produto inovador, como contei na introdução. Assim, não trabalhamos somente as características de um bom produto, mas também a mentalidade do nosso público-alvo, preparando muito bem o terreno.

Por isso, sugiro que você foque seus esforços em um bom produto. Essa é a base do seu negócio. Se o produto não for bom, por mais que o branding e o marketing sejam espetaculares, uma hora a casa desmorona. A pessoa pode até comprar a primeira vez porque se interessou pelo branding ou pelo marketing, mas ela não vai comprar outras vezes se o produto não entregar o que promete. Como eu falei, passamos dois anos desenvolvendo a Desinchá. Essa etapa não admite pressa, pois exige atenção, dedicação e muitos testes. Mas, uma vez que você acerta, as chances de ter uma marca forte são maiores.

O ALICERCE: O NOME

Depois de preparar o terreno da sua casa, ou seja, agregar o maior número possível de diferenciais ao seu produto, está na hora de construir o alicerce, que é a base que segura as paredes da construção. No caso de uma marca, esse alicerce é o nome. Essa etapa, considerada uma das mais importantes na criação de uma marca, chamamos de *naming*, que são as estratégias que se usa para criar um nome.

Mas por que criar o nome logo depois de trabalhar os diferenciais do seu produto ou serviço? A resposta é muito simples: olhe ao seu redor. Tudo tem um nome. Você tem um nome, seus amigos têm nomes, animais de estimação têm nomes, livros, móveis, carros, filhos, estrelas, pássaros. Quando você nomeia algo, é como se ele se materializasse de alguma maneira. Trata-se de um registro que representa uma pessoa ou qualquer coisa enquanto ela existir.

Quando estamos falando em marca, um nome é fundamental, porque é exatamente assim que ela deixa de ser só um projeto e passa a ganhar vida e força. Eu estava lançando a Desinchá, por exemplo, e não apenas um chá. Muitos produtos morrem antes mesmo de nascer, porém, ao escolher um nome, você reforça a sua decisão de enfrentar todas as barreiras que aparecerão até o lançamento, aumentando as chances de sucesso nessa fase. O seu projeto é como se fosse um filho que está para nascer e precisa ganhar um nome o quanto antes.

Um bom nome ficará grudado na cabeça das pessoas e ainda ajudará o público a entender um pouco do que se trata o produto. Esse fator é ainda mais importante quando se trata de uma empresa que está estreando no mercado. Ela ainda é desconhecida e, portanto, criar uma conexão entre nome e produto ajudará a fazer com que fique mais conhecida. Eu vejo empresas com produtos incríveis, mas que não têm um nome de impacto, um "detalhe" que pode significar a morte prematura do negócio

Outro fator que reforça a ideia de definir o nome no início da criação da marca é o número grande de empresas que surgem todos os dias. Só de janeiro a abril de 2021, foram abertas 1,3 milhão de novas empresas no Brasil.[30] Imagine só quantos nomes de marcas são criados todos os dias. Ou seja, há uma concorrência oculta que você precisa combater antes mesmo de lançar o seu produto.

TIPOS DE NOMES

Antes de você começar a fazer uma lista de possíveis nomes para o seu produto, precisa saber que existem categorias de nomes. Cada uma delas tem características diferentes e que ajudam a entender a imagem que você quer passar para o consumidor. Vou explorar nove tipos a seguir.

1 Sugestivos

São os nomes que sugerem o valor por trás do seu produto ou serviço. Formados por uma só palavra, são fáceis de ser memorizados

---

[30] GOVERNO FEDERAL. Painel Mapa de Empresas. **Governo Digital**. Disponível em: https://www.gov.br/governodigital/pt-br/mapa-de-empresas. Acesso em: 15 maio 2021.

QUANDO VOCÊ NOMEIA ALGO, É COMO SE ELE SE MATERIALIZASSE DE ALGUMA MANEIRA. TRATA-SE DE UM REGISTRO QUE REPRESENTA UMA PESSOA OU QUALQUER COISA ENQUANTO ELA EXISTIR.

e entendidos. Costumam "pegar" mais fácil, pois os clientes facilmente conectam seu produto ou serviço ao nome. Um exemplo é o aplicativo de delivery Rappi. Ele sugere um serviço rápido, justamente o valor que a marca quer passar para o consumidor. Outro exemplo é a marca de cerveja Antarctica, cujo produto é consumido gelado. Ao fazer a associação, o consumidor relaciona o nome com o ambiente frio, justamente o que ele procura naquele momento em que toma a bebida.

2 Descritivos

São aqueles que descrevem de maneira direta e rápida o que o produto ou serviço oferece. Eles podem ser compridos, pouco criativos e até mesmo um pouco chatos. E, além disso, é bem mais difícil de se conseguir o registro de marca (sobre o qual falarei adiante) para eles, pois costumam usar palavras comuns do dia a dia. Para ilustrar, é como se o Facebook chamasse Conecte-se com Seus Amigos ou o LinkedIn, Rede de Networking Global de Profissionais.

Outra desvantagem desta categoria é que, se seu nome descreve sua ideia original, você vai ter um problema relativamente sério se quiser diversificar o negócio. Imagine uma empresa chamada Livros. com que começasse a vender videogames ou artigos de informática. O nome seria um limitador na sua atuação. Por isso, se a sua ideia é seguir essa linha, é preciso ter bem claro o plano de negócio da empresa a longo prazo. Colocar um nome e precisar mudá-lo depois de anos de atuação é como começar novamente no mercado. Exemplos de nomes descritivos: Banco do Brasil e Flores Online.

3 Homônimos

Por definição, homônimos são palavras que têm a mesma grafia, mas com significados e origens diferentes. Dois bons exemplos, no caso de marcas, são a Apple e a Amazon. As palavras em si são substantivos comuns, mas o que as empresas fizeram foi criar, na cabeça do consumidor, um significado completamente novo para elas. Esse método funciona muito bem desde que a palavra escolhida tenha pouco ou nenhum significado atrelado ao uso que você dará para ela. Além disso, vale ressaltar que, nesses exemplos, cada uma das palavras é associada a uma característica que os empreendedores querem ressaltar na marca. No caso da Amazon, a comparação é com o rio Amazonas, considerado o maior do mundo em extensão e fluxo de água. Assim como o rio, a Amazon também queria ser líder no seu segmento.[31]

4 Compostos

É a combinação de duas ou mais palavras que acabam virando uma só. Pela minha experiência, esses nomes tendem a ser mais sugestivos do que atraentes. Um bom exemplo é o caso da Salesforce (junção de *sales* = vendas e *force* = força). O nome não é o mais emocionante, mas, como se trata de uma marca B2B,[32] ele informa aos clientes em potencial o que eles precisam saber imediatamente.

5 Mistos

São formados quando você pega partes de duas palavras e as mistura. É o caso da Microsoft, que deriva de microcomputadores + softwares.[33] Ou do Instagram que vem de insta (*instant camera* ou câmera instantânea) + gram (*telegram* ou telegrama, forma antiga de mandar mensagens que deveriam ser entregues rapidamente pelo

---

31 KLEINA, N. A história da Amazon: a pioneira dos e-commerces e e-books. **Tecmundo**, 1 ago. 2017. Disponível em: https://www.tecmundo.com.br/ciencia/120161-historia-amazon-pioneira-ecommerce-ebooks-video.htm. Acesso em: 10 jun. 2021.

32 B2B significa *business to business*. A sigla designa as empresas que vendem produtos ou serviços para outras empresas.

33 PERON, M. A história da Microsoft. **Tecmundo**, 8 maio 2019. Disponível em: https://www.tecmundo.com.br/video-game-e-jogos/2068-a-historia-da-microsoft.htm. Acesso em: 10 jun. 2021.

serviço de correio).[34] São diferentes dos nomes compostos, pois nascem a partir de fragmentos de algumas palavras que já existem, em vez de palavras independentes combinadas. O resultado é um nome mais original e, na maioria das vezes, mais divertido também.

6 Variação ortográfica

São aqueles nomes que trazem variações ortográficas, podendo ser erros intencionais ou uma adequação para se diferenciar de outro produto. Esses erros intencionais, como a falta de uma vogal, acabam resultando em nomes mais distintos e chamativos. Porém, muitas vezes, são consequência da busca por um domínio on-line que não esteja registrado ainda.

Um bom exemplo é o site de compartilhamento de imagens Flickr. Ele nasceu para se chamar Flicker, porém já existia uma marca de cerveja com esse nome que não estava disposta a abrir mão do seu domínio na internet. A saída foi engolir a letra "e", já que o nome fazia sentido dentro da estratégia da empresa. Já na massinha de modelar Play-Doh! a variação ortográfica foi proposital, uma definição da empresa para deixar o nome mais divertido já que, no inglês, massinha de modelar é *playdough*.[35]

Vale ressaltar que, apesar de facilitar a busca por um domínio, alterações na ortografia do nome não significam que será mais fácil conseguir a marca registrada. Não se deixe enganar e tenha cautela: mesmo com grafias diferentes, você não poderá registrar Kokka--Kolla como uma marca comercial de refrigerante, por exemplo, ou Dizznee como uma empresa de entretenimento. Isso porque, além da grafia, o Inpi verifica também a sonoridade da palavra. Se soar parecido, o registro é negado.

---

34 COELHO, T. O que significa Instagram? **Techtudo**, 8 out. 2018. Disponível em: https://www.techtudo.com.br/listas/2018/10/o-que-significa-instagram-veja-a-origem-dos-nomes-de-redes-sociais.ghtml. Acesso em: 10 jun. 2021.

35 MILLER, J. **Brand New Name**: A Proven, Step by Step Process to Create an Unforgettable Brand Name. Vancouver. Canadá: Page Two Books, 2019.

7 Sufixos

Sufixos são elementos adicionados no fim de uma palavra que formam um derivado. Um exemplo muito conhecido de marca nesta categoria é o Spotify, que usa o sufixo -*ify*.[36] A vantagem desta categoria é a criação de nomes simples e sugestivos, que aparentam ser divertidos e, numa primeira impressão, chamativos. Além disso, pode facilitar a busca por um domínio on-line. A desvantagem é que pode ser difícil diferenciar o nome da sua marca de outras que usam o mesmo sufixo. É o caso de Spotify e Shopify. A adição do sufixo acaba fazendo com que as palavras soem muito parecidas.

8 Acrônimos

Acrônimos são palavras formadas pela junção da primeira letra ou sílaba de algumas palavras. Esses nomes fornecem uma maneira fácil de encurtar uma frase ou nome longo e descritivo, mas têm se tornado cada vez menos comuns no mundo das startups. Tendemos a ver acrônimos em marcas de tecnologia tradicionais que começaram com nomes longos e descritivos. É o caso da IBM, sigla para International Business Machines, e da SAP, sigla para Systems, Applications and Products in Data Processing. Também é o caso do Bradesco, que vem de Banco Brasileiro de Descontos.

9 Inventados

São criados das mais diferentes maneiras. Alguns são escolhidos pela sonoridade da pronúncia, como Kodak.[37] Outros são derivados de

---

36 MILLER, J. Op. cit.

37 KLEINA, N. A história da Kodak, pioneira da fotografia que parou o tempo. **Tecmundo**, 10 out. 2017. Disponível em: https://www.tecmundo.com.br/mercado/122279-historia-kodak-pioneira-da-fotografia-nao-evoluiu-video.htm. Acesso em: 10 jun. 2021.

línguas antigas, como o latim, que: é o caso da Verizon, que foi construída a partir da junção de *veritas* (verdade, em latim, está ligada a confiabilidade) e *horizon* (horizonte, em inglês, significa foco no futuro).[38] Ou seja, uma referência clara do posicionamento da marca como foi definido em seu processo de branding.

O maior desafio dos nomes inventados é que eles podem custar caro para a empresa, pois não têm significado nem associação inerentes. O lado positivo é que os fundadores são capazes de controlar a reputação da marca desde o primeiro dia. Além disso, geralmente esses nomes passam mais facilmente pelo processo de registro de marca e é mais fácil de se obter o domínio on-line.

PROCESSO DE CRIAÇÃO

Agora que você sabe que existem nomes originados das mais diferentes maneiras, consegue ter um norte para criar o nome da sua marca ou empresa. E como começar?

Sugiro que você comece da forma mais simples possível: rascunhando. Pegue uma folha de papel e escreva vários nomes que você ache atrativos. Vale consultar os tipos de nomes, assim como se guiar pelo propósito que você definiu no capítulo anterior e se inspirar em marcas estrangeiras. Leve sempre em consideração a sonoridade e a pronúncia. Deixe a sua imaginação voar. Depois, pegue essa lista e procure por sinônimos. Eles aumentam ainda mais as suas sugestões.

Outro ótimo caminho para ter ideias de nome é entrar em sites de conteúdo, blogs e marcas de fora do Brasil que falem do seu setor, além de ficar de olho em palavras que chamem a sua atenção. Por exemplo, se você vai lançar uma marca de roupas para ioga, entre em blogs e sites brasileiros, americanos e até de outros países que falem sobre esse tema e fique atento a palavras que chamem a sua

---

38 VERIZON. **Corporate History**. Disponível em: https://www.verizon.com/about/sites/default/files/Verizon_Corporate_History.pdf. Acesso em: 10 jun. 2021.

UM BOM NOME FICARÁ GRUDADO
NA CABEÇA DAS PESSOAS E AINDA
AJUDARÁ O PÚBLICO A ENTENDER UM
POUCO DO QUE SE TRATA O PRODUTO.
ESSE FATOR É AINDA MAIS IMPORTANTE
QUANDO SE TRATA DE UMA EMPRESA
QUE ESTÁ ESTREANDO NO MERCADO.

atenção, palavras bonitas que poderiam ser o nome da sua marca. Vá anotando todas elas.

Quando tiver uma lista de palavras que ache interessantes (entre quinze a vinte) você pode começar a brincar com elas: juntar duas palavras, mudar uma letra em uma delas, adicionar um acrônimo no fim etc. Vá fazendo isso até definir alguns possíveis nomes para a sua marca.

O segundo passo é pesquisar. Entre na internet e veja no Google se outras empresas usam esse nome. Acesse o site do Inpi (Instituto Nacional da Propriedade Industrial) e busque se já existem marcas com o mesmo nome que a sua no seu segmento. Acesse também o site www.registro.br, que faz registros de domínios de empresas, e verifique se o nome está disponível. Consulte se o *username* no Instagram está disponível. Caso não encontre disponíveis o domínio e o *username* idênticos da sua marca, não se preocupe: você pode adicionar algo ao site e ao Instagram para que consiga registrar. Muitas marcas famosas fazem isso. Por exemplo, a famosa marca de moda carioca Farm utiliza no Instagram o nome @adorofarm e o domínio www.farmrio.com.br. Busque as marcas que são referência para você nas redes sociais e inspire-se no nome de usuário delas.

Algumas ideias do que acrescentar no usuário do Instagram ou no site:

- **adoro (nome da sua marca);**
- **amo (nome da sua marca);**
- **(nome da sua marca) oficial;**
- **(nome da sua marca) (cidade onde fica sua empresa).**

Logo depois, volte para as redes sociais, como Instagram e Facebook. Faça agora uma pesquisa mais detalhada sobre o que já existe com o nome selecionado. Essas redes sociais têm milhões de perfis e, por isso, não será difícil encontrar algo. Nesse caso, vale entrar no perfil e ver do que se trata. Se não tiver nada a ver com o seu produto, nada impede que você use o mesmo nome. O que eu quero dizer é que as redes sociais não são um impeditivo para você usar o nome, mas a pesquisa precisa ser bem cuidadosa. Imagine achar um perfil que faz posts maliciosos ou indelicados e usa o mesmo nome que o seu? Aí nem um complemento como oficial vai aliviar a situação. Mas, se não for o caso, já vale criar um perfil para garantir o @.

Geralmente, esse processo dura em torno de uma semana. É o período ideal para você pensar em nomes, pesquisar e até testar. Com dois ou três nomes selecionados, mande para alguns amigos – ou para uma pequena base de clientes confiáveis, caso já tenha uma empresa – e pergunte o que eles pensam sobre o nome escolhido. Esse pequeno teste ajuda a bater o martelo e definir seu nome.

Quando tiver certeza de qual escolher, você deve registrá-lo no Inpi. Esse registro garante a exclusividade do uso da marca em todo o território nacional, protegendo não só o nome como o seu produto ou serviço. É como se fosse o RG da marca. O processo necessário é burocrático e terá um custo para a sua empresa. Se não puder gastar com ajuda profissional para ir em frente com ele, faça sozinho. Eu sempre fiz os meus. Basta pesquisar na internet "como registrar uma marca no Inpi". Não é tão difícil, mas é claro que fazer o registro com uma empresa especializada vai trazer mais segurança e rapidez ao processo.

Com o nome definido, você está dando o primeiro passo para a criação do seu projeto de branding. A sua marca está começando a ganhar vida. No próximo capítulo, vamos falar sobre o uso de cores, definição de logomarca, slogan e outros elementos que permitirão que você já comece a trabalhar sua marca dentro de uma rede social, por exemplo, ou até mesmo lançá-la no mercado. Siga comigo nesta jornada.

Agora é a sua vez de treinar. Nas páginas a seguir, coloque a lista de nomes que você imagina que sejam ideais para o seu negócio. Depois, faça as pesquisas conforme orientado no capítulo e eleja dois ou três nomes que mais se destacaram.

QUAL É O NOME DA SUA MARCA?

Ideias de nomes:

_____
_____
_____
_____
_____
_____
_____
_____

Potenciais nomes:

_____
_____
_____
_____
_____
_____
_____
_____

Nome escolhido:

_____

Site da marca: _____

@ do Instagram da marca: _____

Usuário em outras redes: _____

COM O NOME DEFINIDO, VOCÊ ESTÁ
DANDO O PRIMEIRO PASSO PARA A CRIAÇÃO
DO SEU PROJETO DE BRANDING. A SUA
MARCA ESTÁ COMEÇANDO A GANHAR VIDA.

05

A IDENTIDADE DA SUA MARCA

Assim como cada indivíduo tem uma identidade, aquele conjunto de fatores que o diferencia de outras pessoas, com uma marca acontece o mesmo. Existe uma série de elementos que, juntos, ajudam a identificá-la e diferenciá-la de outras. Essa identidade é composta por três elementos principais – cor, logomarca e slogan – que, junto ao nome, são fundamentais para a criação de um branding potente.

O primeiro elemento dessa lista é a cor porque se há algo que capta a atenção de um consumidor é isso, seja na logomarca, seja na embalagem ou até nos posts das mídias sociais. É a cor de uma marca que a faz ficar mais presente na cabeça do consumidor. E, dada a quantidade de informações a que todos são bombardeados a todo instante, ter algo que capture alguns segundos dessa atenção é fundamental. Isso porque os consumidores fazem julgamentos subconscientes sobre um produto nos primeiros noventa segundos de contato com ele, e 90% dessa avaliação é baseada nas cores.[39] Ou seja, o subconsciente analisa e processa a cor antes mesmo que você, conscientemente, perceba os motivos de suas preferências ou até mesmo da sua rejeição.

Não é muito difícil reparar como isso faz sentido. Imagine um anúncio em uma revista ou em um site. Qual chamará mais a sua atenção: o colorido ou o preto e branco? Na maioria das vezes, o primeiro. Para as marcas, além de prender essa atenção valiosa por alguns segundos, ter uma cor característica é importante para criar conexão direta com o consumidor, de modo que ele veja a cor e já se lembre da marca. Quando se pensa na Desinchá, por exemplo, já vem o verde à mente. Quando se pensa no Facebook, o azul da letra F. Já o Nubank transformou a cor roxa em uma marca registrada, tanto que seu cartão bancário ganhou o apelido de roxinho – e justamente o fato de a cor em nada lembrar a seriedade do sistema financeiro a diferencia no segmento.

---

39 LOFGREN, L. The Psychology of Color. **Quick Sprout**, 17 abr. 2019. Disponível em: https://www.quicksprout.com/psychology-of-color/. Acesso em: 20 jun. 2021.

Além de identificar a marca, a cor pode ajudar a associá-la a algum setor específico, também a criar vínculos emocionais com os consumidores, e pode até influenciar nas decisões de compra. Há estudos, inclusive, que mostram que esse é o principal fator que influencia a decisão de comprar ou não um produto, estando à frente de outros aspectos, como sabor e cheiro.

E mais: uma cor pode agregar a uma marca aspectos positivos ou negativos. Quando é positivo, pode impulsionar o seu negócio. Mas, quando é negativo, pode ser a responsável pela estagnação dele. Imagine que você esteja vendendo sorvetes de frutas tropicais e você escolha, como cor da marca, um marrom parecido com terra. Será que o consumidor terá uma identificação imediata com a sua marca? Ele vai entender que se trata de uma sobremesa saborosa e refrescante? Arrisco dizer que não.

Outro exemplo: um escritório de advocacia que está entrando no mercado e quer se posicionar como referência no setor. Então, para chamar a atenção, escolhe como cor principal um rosa-neon ou um amarelo-neon em sua logomarca, na parede de entrada do escritório, em seu site e nas suas redes sociais. Apesar de ser uma cor, de fato, chamativa, é completamente fora do perfil mais sério e *clean* comum no segmento. Talvez fosse melhor adotar cores mais sóbrias, como preto, cinza, marinho ou bege. Claro que, se ele quiser ser muito, mas muito disruptivo – bem mais até do que o Nubank, por exemplo –, pode usar a cor que quiser, mas será muito mais trabalhoso ser identificado no mercado como um escritório de advocacia. Pode ser que algumas pessoas tenham a impressão de que se trata de outro tipo de empreendimento, algo mais descolado, mais moderno, como uma loja de roupas de surfe. E aí esses sócios perderão um tempo danado tentando mudar a cabeça do mercado primeiro para, depois, ser reconhecido. Será que vale a pena?

O ARCO-ÍRIS DAS MARCAS

O impacto que as cores causam está no nosso subconsciente, por isso cada uma delas impulsiona o cérebro a realizar determinada ação, como comprar ou deixar de consumir um produto ou serviço. Existe até uma área, chamada psicologia das cores, que mostra como elas mexem com emoções, sentimentos e desejos.[40] Assim, é importante que, na sua estratégia de branding, você leve em consideração o significado de cada cor para que elas ajudem a atingir seus objetivos ou o seu público específico. Vou listar aqui as principais e mostrar algumas marcas que a usam. Inspire-se!

Vermelho: atrai o gatilho da estimulação de maneira geral, pode ser de apetite, de emoção, ou qualquer outra coisa. Também está ligada a energia, ação e paixão, sendo inclusive associada ao aumento da frequência cardíaca e da velocidade da respiração em algumas pessoas. É uma cor que chama bastante atenção para si, por isso é muito utilizada em anúncios de promoção e sinalizações de urgência. Exemplos: McDonald's, Uniqlo, Levi's, Canon, Adobe, CNN, Coca-Cola.

Amarelo: é uma cor acolhedora, sendo associada à felicidade, ao otimismo, ao calor, ao cuidado, à positividade. Também é uma cor que chama bastante a atenção. Exemplos: Shell, Yellow Tail, Renault, Goodyear, Burger King, Veuve Clicquot.

Azul: cria senso de confiança na marca e dá sensação de serenidade. É usada com a intenção de deixar as pessoas mais à vontade, mais tranquilas, sem muita agitação, estimulando o pensamento e a criatividade. Também está associada à segurança e sensação de frescor

---

40 CLEMENTE, M. Entenda o que é a psicologia das cores e descubra o significado de cada cor. **Rock Content**, 22 jun. 2020. Disponível em: https://rockcontent.com/br/blog/psicologia-das-cores/. Acesso em: 20 jun. 2021.

e higiene. Exemplos: Samsung, GAP, Intel, American Express, Ford, Facebook, Unilever.

Laranja: é a cor que mistura o otimismo do amarelo com a energia do vermelho. É associada à criatividade e ao bom humor. Também transmite mensagem de confiança, acessibilidade e independência, principalmente para o público jovem. Exemplos: Fanta, Nickelodeon, Orange, Blogger, Fedex, Dunkin' Donuts.

Rosa: um tom mais claro de rosa suscita romantismo, delicadeza, gentileza e gratidão. Já os tons mais escuros revelam jovialidade e modernidade. Também está ligada à inovação. Exemplos: Barbie, T-Mobile, Donut King.

Roxo ou violeta: é uma cor ligada ao luxo e à sofisticação. Porém, como é uma cor de baixa excitação, é muito comum associá-la ao mistério e à religiosidade, transmitindo uma sensação de paz e serenidade. Exemplos: Yahoo!, Kinect, Hallmark, Cadbury.

Verde: é a cor que lembra calma, frescor, natureza, renovação e cura. Por isso, é muito usada por empresas de produtos saudáveis, de atendimento à saúde (como clínicas e hospitais) ou que sejam ambientalmente conscientes. Também estimula a criatividade e a sensação de tranquilidade. Exemplos: Hulu, H&R Block, BP, John Deere, Starbucks, Heineken.

Preto: é uma cor clássica e sofisticada, passando a sensação de poder à marca que a utiliza como elemento principal. Exemplos: Uber e Ralph Lauren.

É interessante ver que, apesar da infinidade de cores e tons existentes, algumas parecem ser as mais queridinhas pelas marcas. Um levantamento realizado pela Marketo, empresa estadunidense

PARA AS MARCAS, ALÉM DE PRENDER ESSA ATENÇÃO VALIOSA POR ALGUNS SEGUNDOS, TER UMA COR CARACTERÍSTICA É IMPORTANTE PARA CRIAR UMA CONEXÃO DIRETA COM O CONSUMIDOR.

de software de automação de marketing, mostrou que, entre as cem marcas mais valiosas do mundo, 33% usam o azul, campeão em preferência. O vermelho vem em segundo lugar, com 29%; preto ou tons de cinza, em terceiro, com 28%; e o amarelo, em quarto, com 13% de preferência.[41]

A COR DA SUA MARCA

Apesar de ser um elemento forte no branding, a cor não é um item complicado de se definir. Você não precisa levar semanas e mais semanas para decidir se vai usar roxo ou verde, rosa ou azul. E é mais um item que vai ajudá-lo a lançar o produto ou serviço.

O primeiro passo é avaliar a cartela de cores e pensar na imagem que quer levar ao consumidor. Depois de estudar a psicologia das cores, sugiro que você estude o que outras marcas do mesmo segmento estão fazendo, o que chamamos de *benchmark*. Apesar da palavra difícil, nada mais é do que comparar o que o mercado está fazendo com aquilo que a sua empresa faz. Isso traz boas referências quando estamos falando de criação de marcas, principalmente quando se busca essas referências em marcas de outros países. Nessa pesquisa, observe o que outras empresas estão fazendo e que cores estão usando. Vale um olhar atento para ver o que elas estão fazendo de diferente. Também estude marcas que você admira, mesmo que sejam de outro segmento, para observar as cores que elas usam. Veja bem: aqui, é para você se inspirar, não copiar.

Não há problema algum em pegar várias referências e usá-las no seu negócio. No livro *Roube como um artista*,[42] Austin Kleon fala que nada e nem ninguém é totalmente original. Segundo ele, toda ideia, todo projeto novo, surge por inspiração em outra ideia. Assim,

---

41 SOLAR, M. **What Brand Colors Can Reveal About Your Business**. Disponível em: https://blog.marketo.com/2018/05/brand-colors-can-reveal-business.html. Acesso em: 20 jun. 2021.

42 KLEON, A. **Roube como um artista**. São Paulo: Rocco, 2013.

não há por que desperdiçar essa chance. Mas lembre-se: é só para se inspirar. Pegue a cor e escolha um tom próximo. Não faz nenhum sentido começar uma marca imitando exatamente o que outra faz.

Depois desse estudo, você terá em mãos algumas boas opções de cores para usar na sua marca. Mas como tomar a decisão final? Quem vai bater o martelo? Você. Eu acredito muito no *feeling* do empreendedor. Quem cuidou do produto desde o começo, quem definiu seu propósito, quem já escolheu o nome é a pessoa mais indicada para tomar a decisão final também sobre a cor. Claro que todos os estudos serão importantes para dar suporte para a escolha e até mesmo para estreitar a sua lista e tornar a sua decisão mais fácil, mas o *feeling* do empreendedor é forte. E, muitas vezes, durante toda a sua carreira, você precisará ouvi-lo.

UMA COR APENAS

O levantamento que a Marketo realizou junto às cem marcas mais valiosas do mundo revelou um outro dado interessante: 95% delas usam uma ou, no máximo, duas cores na sua comunicação. A explicação é que elas pretendem passar uma aparência de simplicidade aos consumidores. Se funciona para elas, não há por que fazer diferente.

Principalmente quando você está começando, seguir essa linha é muito importante. Escolha aquela cor que tenha a ver com o seu negócio e que transmita ao consumidor do que se trata a sua marca. Sei que há marcas com três cores ou até mais, mas isso exige um estudo extenso de cores e de harmonização entre elas, e esse não é o foco quando você está criando a sua marca.

Uma dica importante: instale no Chrome o *plugin* ColorPick Eyedropper for Chrome. Trata-se de uma função de seletor de cores para detectar um tom exibido na tela do computador. Você clica em cima de qualquer cor de uma imagem e ele informa o número exato dela em hexadecimal e RGB, que são uma espécie de códigos das cores. É uma forma fácil de gravar a cor da sua marca e informar para qualquer designer ou replicar em qualquer computador.

Feita a escolha, é essa cor que você usará na criação da sua logomarca (falaremos sobre isso adiante), nas suas redes sociais e em toda comunicação da empresa. Hoje, o Instagram é a principal ferramenta do empreendedor. Assim, essa cor deve estar na imagem da bio, nos tópicos de destaque e no *feed* para ficar evidente assim que alguém abrir seu perfil. O mesmo deve acontecer no seu site, nos materiais de papelaria, na caixa que será usada para o e-commerce, no cartão de visitas. A ideia é que, com o tempo, essa cor fique fixada na mente do consumidor e ele passe a identificar a sua marca quando se deparar com ela. Lembre-se de que sua marca está sendo construída e a cor faz parte dessa construção.

TENHA UMA LOGOMARCA FORTE

Com o nome criado e com a cor escolhida, está na hora de dar mais um passo nesta caminhada e criar sua logomarca, que nada mais é do que a representação gráfica ou visual de uma marca. Ela expõe de forma criativa a personalidade da marca. Sua principal função é diferenciar a marca de seus concorrentes, criando uma ligação com os consumidores. Por isso, precisa ser forte e, claro, reconhecível.

De maneira geral, uma logo eficaz tem cinco características principais:[43]

1. **Simplicidade:** precisa ser fácil de ser reconhecida pelo consumidor, até por aquele mais desatento.

2. **Versatilidade:** deve ser usada em diferentes ambientes. Ela deve ser eficaz no site e nas mídias sociais, ser estampada no produto, enfim, funcionar em múltiplas utilidades.

---

43 CASS, J. **Branding 101 Crash Course**. Just Creative, e-book.

3. **Atemporalidade:** precisa ser adequada e eficaz por décadas.

4. **Ser memorável:** deve ficar na cabeça das pessoas a todo momento.

5. **Ser apropriada:** deve ter uma identificação com seu público-alvo, ou seja, ser apropriada a quem vai consumir a marca. Uma logo de uma loja de brinquedos, por exemplo, é muito diferente da de um banco.

Com esses cinco elementos, você já consegue ter as primeiras ideias. Lembre-se que ela é um símbolo, mas isso não significa que precise sempre ser uma forma, um desenho ou uma letra. Desde que funcione bem, pode ser o nome da marca, basta escolher uma fonte (um tipo de letra) bacana para ser o seu diferencial. Na Desinchá, por exemplo, é assim: a logo que usamos é o nome. Outras opções são usar a letra principal e o nome ao lado ou um ícone junto ao nome.

Quando estiver decidindo a logo, já desenhe também a sua logo de apoio. Trata-se de uma variação da logo principal, como se fosse uma abreviatura. Ela é usada, principalmente, na aba dos navegadores na internet. Repare bem, quando abrir uma página, no símbolo que aparece na aba: essa é a logo de apoio. Mas ela também pode ser usada em anúncios, nos posts das redes sociais ou onde você achar mais adequado. Na Desinchá, a logo de apoio são as folhinhas verdes, características da marca. A Disney usa a letra D estilizada. O McDonald's usa o M amarelo. E a Apple, a maçã mordida (um clássico, aliás!). A logo de apoio quase sempre sai da logo principal, por isso, as duas devem ser criadas juntas.

Para realizar essa tarefa, você pode desenhar a sua ideia em um papel mesmo, contratar um designer gráfico especialista em logo ou usar ferramentas disponíveis na internet. A plataforma Looka. com, por exemplo, sugere vários tipos de logo a partir de escolhas que você vai marcando. Você determina cor, segmento, exemplifica tipos de logo de que mais gosta, símbolos que gostaria de usar e, a partir dessa seleção, ele dá várias opções de logos que você pode usar. É uma alternativa eficaz e gratuita para quem está começando.

Outro ponto importante é fazer uma variação de cor de fundo. Não é uma logo diferente, mas um fundo de outra cor que permita que a logo seja usada em diferentes momentos. Então, você pode ter a logo com um fundo verde como o principal e outra com o fundo branco, por exemplo. Pode também um fundo preto, enfim, o importante é ter essa variação, porque pode acontecer de, em algum material, você precisar variar esse fundo por uma questão de estética. Aí, já terá isso em mãos.

Quando você tiver esses dois elementos – logo e logo de apoio –, jogue-os no seu perfil no Instagram. Esse é um bom teste para definir se realmente funcionam. Olhe de longe e verifique se está fácil de compreender. Vale também perguntar a opinião de pessoas próximas ou até deixar lá por uns dias para verificar a reação dos usuários. Isso tudo serve de parâmetro para você saber se está indo no caminho certo ou se precisa rever o trabalho feito até aqui.

AGORA, O SLOGAN

Assim como a logo, o slogan precisa ser forte. Não é só uma frase curta junto a logomarca ou um versinho com rima, mas uma frase que representa a sua marca e que ajuda a memorizar o produto junto aos consumidores. Ninguém esquece, por exemplo, o icônico slogan "tomou Doril, a dor sumiu". Ou "não esqueça a minha Caloi", e ainda "quem pede um, pede Bis".

Mas como criar esse slogan tão incrível? Você deve começar a procurar essa resposta olhando para o seu produto e para o seu propósito (o exercício zero proposto anteriormente). Levando em

TRAZENDO ESSE CONCEITO PARA A CRIAÇÃO DE UMA MARCA, VOCÊ JÁ TEM OS SEUS 20%: O PROPÓSITO + O NOME + A COR + A LOGO + O SLOGAN SÃO OS PRINCIPAIS ELEMENTOS DO LANÇAMENTO DE UMA MARCA.

consideração esses dois fatores, você já terá uma pista de que caminho seguir, já que o slogan deve refletir os princípios da empresa.

Assim como você fez com a cor, vale também estudar o que o mercado está fazendo e se inspirar. Há slogans que são mais comerciais e mostram um diferencial do produto, como o da Hellmann's – *a verdadeira maionese* –, e outros são mais conceituais, como o da Desinchá – *leve a sua vida leve.* Repare que ele não fala qual é o produto, não fala dos benefícios do produto, mas se fixa em um conceito. Ele está de acordo com o propósito da marca, que é levar uma vida mais saudável, ser mais leve na vida.

Não espere que a ideia para o slogan apareça de uma hora para outra. Rascunhe o que vem à sua cabeça, anote pequenas frases, palavras que achar importantes. Coloque todas as ideias no papel e vá olhando as que você achar que mais representam a sua empresa. Eu sempre prefiro os slogans curtos de, no máximo, seis palavras. Eles são mais fáceis de ser memorizados pelos consumidores e também mais simples de criar.

Quando você chegar ao slogan ideal, é hora de colocá-lo junto à logomarca que criou. Pelo menos no início, o ideal é sempre apresentar esses dois elementos juntos. Como a marca ainda não é muito conhecida, esse par vai ajudar o consumidor a identificar o seu produto. Outra opção é usar a logo + a logo de apoio + o slogan. É como um jogo de baralho em que você vai fazendo as combinações dependendo da situação. Você pode usar a logo no Instagram, por exemplo, e o slogan + logo em um anúncio. Ou pode usar só a logo + logo de apoio em um post. Movimentando essas cartas, você terá opções para usar em todos os momentos e em todos os veículos de comunicação, sejam físicos ou digitais.

NASCE UMA MARCA

Não sei se você já ouviu falar sobre o Princípio de Pareto. Ele indica que 20% do esforço que você dedica a um trabalho é responsável por 80% do seu resultado final – e, por isso, também é conhecido como Regra 80/20. Sua origem é muito antiga, vinda das observações do sociólogo italiano Vilfredo Pareto.[44]

Trazendo esse conceito para a criação de uma marca, você já tem os seus 20%: o propósito + o nome + a cor + a logo + o slogan são os principais elementos do lançamento de uma marca. Se você estiver com muita pressa, minha sugestão é se concentrar neles. Quando lancei a Desinchá, passei muito tempo dedicado à composição da fórmula, pois queria ter um produto único. Quando cheguei ao ideal, minha pressa passou a ser lançar. Então, me concentrei nesses cinco elementos e coloquei a marca no mercado. Outros elementos que compõem o branding foram surgindo depois do lançamento. Isso não significa que eles não são importantes. São, sim, e aumentam as suas chances de sucesso. Mas as principais ferramentas você já tem.

Você deve estar se perguntando: *mas, Eduardo, você entregou o ouro já nos primeiros capítulos?* E a minha resposta é simples: eu sou muito prático e quero que você se beneficie já do que estou ensinando neste livro.

Mas lembre-se de que você só tem o ouro. Siga comigo que, ao fim deste livro, você terá um tesouro. Duvido que vai querer deixar essa riqueza de lado e parar por aqui.

Agora é a sua vez de treinar. Desta vez, você tem três tarefas a cumprir. Nas próximas páginas, descreva a cor que considera a mais adequada para a sua marca e explique o porquê. Também descreva – ou desenhe, como você preferir – a sua logomarca e logo de apoio. E, para finalizar, coloque as opções de slogan que imagina para a sua marca. Se ficar com alguma dúvida, volte ao capítulo e releia as dicas. Depois de fazer esses exercícios, já pode criar seu perfil nas redes sociais e um site. Que tal?

---

44 REDATOR ROCK CONTENT. Entenda a ciência por trás do Princípio de Pareto e saiba como aplicá-lo em diferentes áreas da empresa. **Rock Content**, 24 ago. 18. Disponível em: https://rockcontent.com/br/blog/principio-de-pareto/. Acesso em: 23 jun. 2021.

Qual é a cor que mais combina com a sua marca?

_____
_____
_____
_____
_____
_____

Cor da sua marca em hexadecimal: _____

Cor da sua marca em RGB: _____

Quais são a logomarca e a logo de apoio que melhor representam a sua marca?

_____
_____
_____
_____
_____
_____

Qual é o slogan da sua marca?

_____
_____
_____
_____
_____

QUANDO VOCÊ CHEGAR AO SLOGAN IDEAL,
É HORA DE COLOCÁ-LO JUNTO À
LOGOMARCA QUE CRIOU. PELO MENOS
NO INÍCIO, O IDEAL É SEMPRE APRESENTAR
ESSES DOIS ELEMENTOS JUNTOS.

Exemplos de slogans de alimentos e bebidas

Coca-Cola – "Sinta o sabor."

Nescau – "Energia que dá gosto."

McDonald's – "Amo muito tudo isso."

Pepsi – "Pode ser bom. Pode ser muito bom. Pode ser Pepsi."

Guaraná Antarctica – "O original do Brasil."

Kellogg's – "Desperte o tigre em você."

KitKat – "Faça uma pausa com KitKat."

Bauducco – "Da família Bauducco para sua família."

Cacau Show – "Um show de chocolate."

Toddynho – "O seu companheiro de aventuras."

Pepsi Twist – "Todo o sabor de Pepsi com um toque de limão."

Maggi – "O caldo nobre da galinha azul."

Leite Moça – "Você faz maravilhas com Leite Moça."

Itambé – "O melhor do leite para sua família."

Baton – "Seu filho merece Baton."

Häagen-Dazs – "O mundo se derrete por ele."

Red Bull – "Red Bull te dá asas."

Slogans de remédios e cosméticos

Band-Aid – "Cura duas vezes mais rápido."

Oral-B – "A marca mais respeitada pelos dentistas."

Colgate – "Sorriso saudável, sorriso Colgate."

Rexona – "Rexona não te abandona nunca."

Lux – "Nove em cada dez estrelas usam Lux."

Natura – "Bem estar bem."

Axe – "A primeira impressão é a que fica."

Closeup – "Fale de perto com Closeup."

Garnier – "Cuide-se."

Slogans de automóveis

Ford – "Viva o novo."

Volkswagen – "Você conhece, você confia."

Peugeot – "Emoção em movimento."

Mercedes-Benz – "O futuro do automóvel."

Mitsubishi Pajero – "O mundo é 4×4."

Jeep – "Só existe um."

BMW – "Puro prazer de dirigir."

Slogans de bebidas alcoólicas

Skol – "A cerveja que desce redondo."

Orloff – "Eu sou você amanhã."

Brahma – "A número 1."

Kaiser – "Mais que gostosa, surpreendente."

Antarctica – "Boa! Só se for Antarctica."

Itaipava – "Não tem comparação."

Smirnoff – "Bons amigos a gente faz com Smirnoff."

Slogans de bancos e cartões

Mastercard – "Existem coisas que o dinheiro não compra. Para todas as outras, existe Mastercard."

Banco do Brasil – "Todo seu."

Caixa – "Vem para Caixa você também, vem!"

American Express – "Ser um associado tem seus privilégios."

Visa – "Porque a vida é agora."

Itaú – "Feito com você."

06

POSICIONAMENTO DE MARCA

Toda marca tem um posicionamento, e é isso que a diferencia das demais. E se, no capítulo anterior, a diferenciação era algo visual – cor, logo, slogan –, agora vamos começar a nos aprofundar um pouco mais nas lições de branding. Vamos falar daquilo que o consumidor não vê quando ele bate o olho na sua marca, mas são elementos que fazem parte da alma da sua marca e refletem a diferença que ela quer fazer na comunidade que a rodeia e no mundo. É hora de falar de valores, missão e visão.

Toda marca que tem a intenção de crescer precisa ter esses elementos muito claros no seu branding. Apesar de ter um lado inspiracional, esse posicionamento precisa ser coerente com a marca. Com o tempo e o amadurecimento do negócio, podem até ganhar algumas modificações, mas você vai ver que nunca mudam 180 graus. E justamente porque estão conectados com a essência da empresa.

Mas qual é a diferença entre missão, visão e valores?

Para responder essa pergunta, primeiro, precisamos voltar ao propósito. Propósito é a diferença que sua empresa quer fazer no mundo, é o porquê a marca existe. A partir daí, nascem os valores, a visão e a missão.

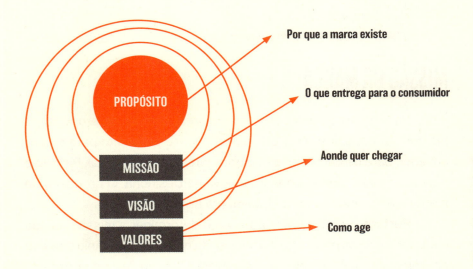

Como você vê na figura, a missão é o que a marca entrega para os consumidores a partir do seu propósito. Já visão é aonde quer chegar no seu mercado, como enxerga o futuro. E os valores são como a empresa age para chegar ao propósito, quais são as escolhas que ela vai fazer para alcançar o propósito que já foi definido.

Por exemplo, veja como a Desinchá define esses elementos dentro da sua estratégia:

Propósito: *Criar produtos e tecnologias que transformem a vida das pessoas.*

Missão: *Saúde é simples, nós mostramos o caminho.*

Visão: *Criar um mundo em que as pessoas coloquem a saúde física e mental em primeiro lugar, um mundo em que as pessoas se cuidem, levem uma vida saudável a partir de pequenos hábitos diários, como fazer uma pausa no meio do dia para tomar um chá.*

Valores: **Simple first:** *faça o que é simples primeiro!*

Easy-going: *leve sua vida leve!*

We care: *na dúvida, priorize o cliente!*

Own it: *reclamar não é uma estratégia!*

Be brave: *melhor ficar vermelho uma vez do que amarelo para sempre!*

Think bigger: *tiros de revólver antes de tiros de canhão!*

MISSÃO DA MARCA

Para definir a missão, você deve partir sempre do propósito. É ela que vai traduzir em poucas palavras esse propósito para o consumidor, para os parceiros e colaboradores de modo geral. Para isso ficar mais claro, vamos pensar de novo na Desinchá. O propósito da marca e a sua missão estão totalmente alinhados.

Portanto, a minha dica para você determinar a missão da sua marca é voltar ao propósito. Pegue aquilo que você já definiu e pense em como entregar isso para o consumidor. De novo, rascunhe, escreva o que vem à sua cabeça e depois afine o que escreveu. Não precisa ser nada longo; uma frase é o suficiente.

VISÃO DA MARCA

Enquanto a missão traduz o propósito, a visão é aonde a sua empresa quer chegar. Isso significa pensar na transformação que você, enquanto marca, quer realizar no mundo. Você pode até pensar que estou sendo poético, mas é necessário mirar a Lua para atingir as estrelas – e conseguir fazer a transformação no dia a dia. E o que é a Lua? É o ponto máximo a que você quer chegar.

A visão de uma marca pode começar localmente, pensando em como gerar impacto em uma cidade apenas, e depois ser expandida sem limites. Olha só, a Apple começou com a visão da Califórnia, em Palo Alto, em uma garagem. Depois, a marca conquistou um país – os Estados Unidos – e o mundo.

Essa visão de transformação pode parecer grande quando estamos falando de uma marca que está começando. É como se você ainda estivesse em um deserto, sozinho, em uma situação vulnerável, mas sabendo que precisa sair dali. E, nessa situação, qual seria a sua visão? Chegar ao oásis, claro, com água limpa para beber e uma sombra para descansar. Você mentaliza e vai.

É o mesmo que acontece com uma marca. No início, quando ainda está sendo lançada, ela está no deserto. Mas a visão da marca a levará ao oásis. Em um primeiro momento, parece distante, mas, na sua cabeça, alcançar o oásis precisa ser real. E é isso que conduzirá a empresa rumo àquilo em que ela acredita e que almeja. A Desinchá começou em Belo Horizonte (MG), nosso deserto simbólico com muito sol, com pouco capital e nenhum contato dentro do segmento, mas acreditando em encontrar o nosso oásis desde o início. Foi isso que fez com que conseguíssemos passar dois anos testando um *blend* para o chá perfeito. Quatro anos depois, temos uma linha completa de produtos saudáveis, mais de 30 mil pontos de vendas, milhões de produtos vendidos e estamos presentes em vários países do mundo. Não temos apenas clientes, mas uma comunidade que permite que a marca se perpetue e cresça. Só quem acredita na própria visão chega lá. Não se esqueça disso.

Por isso, quando for descrever a visão da sua marca, pense no seu oásis. Não tenha medo do que vai escrever.

VALORES DA MARCA

Diferentemente da missão, que é definida em uma frase, e da visão, que é um parágrafo curto (cerca de cinco linhas), os valores são descritos em tópicos. Você deve elencar as ações conectadas com o propósito da marca que vão orientar colaboradores e parceiros a como agir para que a marca não perca a essência. Por isso, costumo dizer que os valores são o coração da empresa.

Os valores podem falar, por exemplo, sobre a perfeição de um serviço oferecido, a maneira de tratar os clientes, os clientes, o futuro... Enfim, na hora de defini-los, você deve pensar no seu segmento, no que sua marca acredita, no seu propósito e colocar no papel como agir para estar conectado com tudo isso ao mesmo tempo.

Mas não vale negligenciar essa etapa e escolher qualquer coisa só para fazer bonito. Os valores vão orientar muita coisa na sua empresa, desde a maneira de a equipe trabalhar no dia a dia até a comunicação da marca.

Sugiro que você escolha de três a seis valores. Esse é um número suficiente para descrever os principais valores de uma empresa e é rápido para as pessoas lerem e lembrarem. Em menos de cinco minutos, já é possível absorver o conteúdo. Aqui na Desinchá, nossos valores estão estampados na parede da empresa para que todos possamos nos lembrar de cada um deles todos os dias.

A MISSÃO É O QUE A MARCA ENTREGA PARA OS CONSUMIDORES A PARTIR DO SEU PROPÓSITO. JÁ VISÃO É AONDE QUER CHEGAR NO SEU MERCADO, COMO ENXERGA O FUTURO. E OS VALORES SÃO COMO A EMPRESA AGE PARA CHEGAR AO PROPÓSITO.

COMO COMUNICAR

Esse posicionamento – missão, visão e valores – faz parte do seu branding e vai direcionar todo o planejamento de marketing. Ele precisa estar alinhado com todas as campanhas publicitárias, produção de conteúdo, eventos, ações de divulgação. Afinal, é a hora de a empresa mostrar o que realmente é para não transmitir uma imagem totalmente diferente daquilo que a marca representa. Não adianta uma empresa que tem como missão facilitar a vida da pessoa na hora de fazer uma compra não oferecer, por exemplo, um aplicativo ou site que funcione corretamente para o cliente fazer as compras on-line ou não ter um serviço de entrega eficiente, por exemplo. Os consumidores logo entenderão que ela não é o que diz ser, e a marca cairá em descrédito.

Além disso, sugiro que a missão, a visão e os valores estejam no seu site. E mais: costumo usar a missão na minha assinatura de e-mail e no status do WhatsApp. Como é apenas uma frase, fica perfeita. Assim, quando um cliente ou um parceiro entra em contato com você, já encontra essa informação de cara. Também costumo começar qualquer apresentação que faço da Desinchá falando do nosso propósito, missão e visão. Isso é muito importante, porque já mostra para as pessoas que estão ouvindo o comprometimento com o que a marca preza.

Já os valores, além de no site, podem estar na embalagem do seu produto (na parte interna, talvez), ou você pode mandar uma cartinha junto do produto explicando sobre eles, ou estampá-los na caixa do e-commerce. É uma forma leve e descontraída de mostrar para o cliente o modo como sua empresa trabalha e como respeita essa relação cliente-marca. E, claro, como já mencionei, esses valores precisam ficar expostos em algum lugar da empresa para que os colaboradores se lembrem todos os dias de como agir para manter a essência da marca.

Sei que definir valores, missão e visão não é fácil. Mas, assim como o propósito, vai ajudar a direcionar o seu caminho rumo ao sucesso. Aposte nisso.

SUA MARCA PRECISA TER INIMIGOS

Se estamos falando sobre posicionamento, por que vamos falar sobre inimigos? Você deve estar pensando que eu estou confundindo as coisas, mas não estou. O inimigo de uma marca não é a marca concorrente, mas aquilo que você quer combater ao lançar o seu produto – e, por isso, faz parte do seu posicionamento. Para ficar mais fácil, vamos recorrer à Desinchá mais uma vez. Os inimigos da Desinchá são os hábitos de vida não saudáveis, que prejudicam as pessoas, e também os produtos feitos com ingredientes artificiais. Vamos pensar em uma marca de hidratante corporal. Seu inimigo pode ser a pele ressecada. Quando você se posiciona contra algo, está olhando a dor do seu cliente.

Ter um inimigo é fazer uma crítica ao que é apresentado para os clientes e se posicionar contra aquilo. De que forma? Fazendo um produto melhor e mostrando isso para o cliente, deixando claro o que você combate.

É muito mais fácil as pessoas entenderem o que você é contra do que é favor, e é simples ver por quê. Pense em um grupo de pessoas que não se conhecem ainda, mas estão reunidas em um espaço. Geralmente, qual é a forma mais fácil de se enturmar? É quando alguém faz uma crítica a algo. Em uma fila de banco, por exemplo, as pessoas começam a conversar porque reclamam da lentidão do serviço. Chama a atenção ir contra algo.

Então, quando você joga isso na sua comunicação, acaba atraindo pessoas que sofrem com o mal que você está combatendo. Comece pelo problema, em vez de mostrar de imediato os benefícios do seu produto. Isso cria uma empatia, uma conexão quase que imediata com o cliente.

Os bancos digitais usam bastante essa estratégia para atrair novos clientes ao se posicionar contra a burocracia e filas gigantes (os inimigos) e mostrar que são diferentes. O que eles fazem é se conectarem com a dor das pessoas e se posicionarem contra isso.

Há algo, porém, que precisa ficar muito claro quando falamos sobre inimigo de uma marca. Como falei, um inimigo não é uma marca concorrente. Nunca use na sua comunicação o nome de outra empresa. É preciso ter bom senso e ética antes de ir contra algo. Você pode ser contra a lentidão, contra a burocracia, contra hábitos não saudáveis, contra atendimento ruim, mas nunca contra a marca A, nem a B, nem a C. Ok?

Outra coisa: quando você determina seu inimigo, está assumindo um compromisso. Então, só se posicione quando aquilo realmente fizer sentido para o seu negócio e você tiver condições de oferecer algo melhor.

Para encontrar o seu inimigo, ou os seus inimigos, estude o mercado. Quando você conhece os outros produtos do seu segmento e as dores do seu cliente, consegue saber rapidamente o que precisa combater.

Como você viu, o posicionamento é um fator que envolve vários elementos que fazem parte do branding da sua marca. Todos eles colaboram para que a sua empresa chegue ao consumidor ainda mais potente. E isso é o que todo mundo quer. Portanto, não deixe de definir esse posicionamento.

Então, eu proponho que faça o exercício a seguir antes de partir para o próximo capítulo. Você já tem o propósito, o nome, a cor, a logomarca, o slogan e agora a sua missão, visão, valores e inimigos – mais um passo para completar o seu *brandbook*.

O POSICIONAMENTO É UM FATOR
QUE ENVOLVE VÁRIOS ELEMENTOS
QUE FAZEM PARTE DO BRANDING
DA SUA MARCA. TODOS ELES COLABORAM
PARA QUE A SUA EMPRESA CHEGUE
AO CONSUMIDOR AINDA MAIS POTENTE.
E ISSO É O QUE TODO MUNDO QUER.

Qual é a missão da sua marca?

Qual é a visão da sua marca?

POSICIONAMENTO DE MARCA

Quais são os valores da sua marca?

Quais são os inimigos da sua marca?

07

ENTENDENDO O SEU PÚBLICO E A CONCORRÊNCIA

Uma afirmação conhecida na área de vendas diz que "quem vende para todo mundo não vende para ninguém". Ela tem um significado muito importante: toda marca precisa ter seu público-alvo e suas personas, porque os consumidores não são um grupo homogêneo. Existem muitos subgrupos que podem ser agrupados por afinidades ou características em comum e que melhor se identificam com o seu produto.

Eu já criei marcas e já ajudei muitas empresas a criarem a sua e observo que uma das principais causas de uma marca não ser bem recebida é, justamente, ser apresentada ao público errado. Você pode ter um produto incrível, um nome forte, toda a parte de identidade visual feita dentro dos parâmetros que já mostramos aqui, missão, visão e valores alinhados com o propósito, mas, se não mira o público certo, esse trabalho pode ir por água abaixo. Claro que existem produtos com público mais abrangente e outros mais nichados, mas, independentemente disso, é preciso ter o mínimo de informação sobre com quem se está falando.

Por público-alvo, entende-se seus clientes específicos, aqueles em que você concentra seu produto ou serviço. Você produz, especificamente, para atender às necessidades deles. Pessoas fora desse perfil consumirão seu produto, mas esses são os que mais têm interesse e identificação com o que você vende. Em um primeiro momento, pode parecer que isso só interessa ao time de vendas, afinal, é para essas pessoas que os produtos são vendidos. Porém, para o branding, essa informação também é muito importante, pois, conhecendo esse público, é possível criar estratégias e ações mais eficientes e um projeto de comunicação direcionado ao melhor perfil que sua empresa pode ter, resultando, assim, em um retorno em vendas maior.

Para encontrar seu público, primeiro você precisa pensar no produto. Quais problemas ele resolve? Qual é o público que tem as dores definidas como inimigo comum? Dentro daquilo que você imagina, qual é o público em que o percentual de consumo seria maior?

A partir daí, analise essas pessoas que você imagina como público ideal baseando-se em alguns fatores que ajudarão a segmentar ainda mais seu alvo. Eles darão ainda mais clareza sobre com quem você está falando. [45]

- **Geográficos:** país, região, estado, cidade, número de habitantes da cidade, clima.

- **Demográficos:** idade, gênero, estado civil, se tem filhos (quantos?), renda média mensal, profissão, grau de escolaridade, nacionalidade, raça.

- **Psicográficos:** estilo de vida, (saudável, minimalista, criativo etc.), personalidade (sociável, autoritário, intimista), valores, interesses.

Mas não adianta fazer todo esse levantamento no "achômetro". É preciso criar uma pesquisa de mercado, mesmo que seja algo pequeno, mais regional, mas que resulte em parâmetros verdadeiros para colocar nessa análise de perfil. Pode ser por meio de um formulário, criado no Google Forms ou no Survey, por exemplo, enviado para uma base que você acredita que tenha o perfil do seu produto. Podem ser até seus amigos.

Mas, se você tem um site ou um perfil em redes sociais – algo que já é perfeitamente possível se você seguiu as lições que ensinei nos capítulos anteriores –, pode usar as próprias ferramentas oferecidas pelas plataformas. Contas comerciais do Instagram, por exemplo, fornecem uma série de dados sobre os seguidores, como idade, local em que vivem, gênero.

---

45 LACERDA, L. Público-alvo: o que é e como dialogar com quem precisa. **Rock Content**, 26 nov. 2020. Disponível em: https://rockcontent.com/br/blog/publico-alvo/. Acesso em: 19 abr. 2021

Já se você criou um site, pode usar o Google Analytics. Essa ferramenta é gratuita, mostra o número de visitantes e gera relatórios com características dessas pessoas, como faixa etária, onde vivem, gênero, o que buscam quando chegam ao seu site, comportamento na internet, entre outros dados. E dá até para identificar quais tendem a converter mais, ou seja, se tornarem seus clientes.[46]

Assim, você cria um funil em que consegue determinar qual público é o ideal para o produto que está lançando. Para ficar mais clara essa definição, vou dar, mais uma vez, o exemplo da Desinchá. Nosso público-alvo, depois das análises feitas, é de homens e mulheres, entre 20 e 40 anos, moradores de grandes cidades, que buscam um estilo de vida saudável sem abrir mão do sabor.

Mas imaginemos que o seu produto seja um hidratante capilar. Nesse caso, a sua pesquisa pode indicar que o público-alvo são mulheres, entre 30 e 40 anos, brasileiras, que se preocupam com a saúde capilar e preferem se cuidar em casa.

Ter essa clareza é importante porque, diferentemente do que acontecia antigamente, em que o ápice de uma campanha publicitária era colocar um anúncio na TV de maior audiência do país e atingir a massa com essa informação, hoje os anúncios na internet permitem atingir diretamente quem queremos falar. Quando você cria um anúncio no Google Ads, por exemplo, essas características do público-alvo ajudam a direcioná-lo a quem, realmente, se interessa pelo produto. É a segmentação da propaganda. Com tantos dados e informações que o on-line consegue gerar, não faz mais sentido direcionar o marketing para falar com todo mundo ao mesmo tempo, mas, sim, diretamente com o seu público-alvo.

Dessa forma, você tem condições de criar estratégias de comunicação e de marketing e vendas mais eficazes, como falei no início deste capítulo. E mais: ao conhecer seu público-alvo, você consegue

---

46 GOOGLE MARKETING PLATFORM. **Google Analytics**: conheça seus clientes. Disponível em: https://marketingplatform.google.com/intl/pt-BR_br/about/analytics/. Acesso em: 20 jun. 2021.

se diferenciar da concorrência. Hoje, com o número cada vez maior de empresas que nascem todos os dias, principalmente no meio digital, conseguir se fixar na mente do consumidor como **a** marca e não apenas como mais uma marca, faz total diferença. A melhor maneira de chegar a esse objetivo é conquistar o público que se identifica com os valores da marca, ou seja, o seu público-alvo.

A PERSONA

Repare que as características que identificam o público-alvo são gerais e ajudam a identificar uma fatia da população que você quer atingir. Agora, quando você quer ser mais específico, precisa incluir outras características, como comportamentos e características pessoais: essa é a persona, a personificação do cliente ideal.

A persona é um personagem fictício, porém com características reais – que vêm desse público-alvo que você conhece – como hábitos, gostos, interesses e dores. Essa humanização gera mais aproximação com seus consumidores e futuros clientes. Para chegar a esse perfil, colete, junto ao seu público-alvo, mais informações que sejam relevantes para a sua marca. Continuando o exemplo da Desinchá, a persona poderia ser a Gabriela, economista de 30 anos, casada, que pratica corrida e gosta de passear com o marido e o filho de seis anos aos finais de semana, de preferência, junto à natureza. Ela está mudando a sua alimentação para implementar hábitos mais saudáveis e está sempre de olho em produtos que podem ajudá-la nesse processo. Seu sonho atual é ter uma horta orgânica em casa.

Já no caso do hidratante capilar, a persona pode ser a Sofia, de 31 anos, solteira, que trabalha na área de comunicação e gosta de sair com as amigas aos finais de semana para ir a bares e conhecer pessoas novas. Tem cabelos longos e sofre com a falta de hidratação e o efeito frizz. Prefere cuidar dos cabelos em casa, pois não tem tempo para ir a um salão de beleza. Sonha em conhecer vários países do mundo.

COM TANTOS DADOS E INFORMAÇÕES
QUE O ON-LINE CONSEGUE GERAR,
NÃO FAZ MAIS SENTIDO DIRECIONAR
O MARKETING PARA FALAR COM TODO
MUNDO AO MESMO TEMPO, MAS, SIM,
DIRETAMENTE COM O SEU PÚBLICO-ALVO.

Perceba que são características muito específicas. Portanto, enquanto o público-alvo é uma mira a ser atingida e é usado na definição de mercado e na segmentação das mídias pagas, a persona representa o público com que a marca quer interagir e é usada em estratégias de marketing de conteúdo, mídias sociais e marketing de relacionamento. São dois indicadores diferentes, mas usados de maneira complementar pela marca.[47]

Essa definição ainda ajuda a marca a sair de seu lugar-comum e criar comunidade ao redor dela. Foi o que aconteceu com a Desinchá. Antes mesmo de o produto ser lançado, como contei anteriormente, já tínhamos 8 mil seguidores no Instagram, atraídos a partir do conteúdo que criamos. Isso só foi possível porque tínhamos clareza da persona do nosso negócio. Assim, em pouco tempo, conseguimos criar uma comunidade de pessoas que se identificam fortemente com a Desinchá – e não só com os produtos que oferecemos, mas com toda a experiência que propomos, como a possibilidade de ter uma vida mais saudável, de ter um momento de descanso no meio do dia para tomar um chá, de se alimentar melhor (por meio de uma plataforma de receitas que criamos), entre outros atrativos. Isso é fidelizar o cliente e só é possível se a marca for muito relevante para o seu público.

Sugiro que você crie três personas diferentes porque, assim, consegue expandir mais a sua estratégia e ter um público maior com quem falar. Não fica limitado, por exemplo, somente a pessoas como o Paulo, do restaurante saudável. Consegue falar com a Joana, que também pode ser sua persona. Claro que esses perfis não são rígidos ou definitivos, você pode ir ajustando seu público-alvo e as personas ao longo da caminhada, mas é importante que, no lançamento, já haja um direcionamento mínimo. Isso fará diferença na estratégia de marketing que abordaremos mais adiante e ajudará, inclusive, a diminuir seus custos.

---

47 LACERDA, L. Público-alvo: o que é e como dialogar com quem precisa. **Rock Content**, 26 nov. 2020. Disponível em: https://rockcontent.com/br/blog/publico-alvo/. Acesso em: 19 abr. 2021

OLHO ABERTO NA CONCORRÊNCIA

Como falei, quando você segmenta seu público, tem ferramentas que podem diferenciá-lo da sua concorrência. Mas, para isso, você precisa saber quais são as marcas que disputam o mesmo espaço no mercado com a sua.

A forma mais fácil de começar essa pesquisa é fazendo uma busca no Google pelas empresas que vendem o mesmo produto ou oferecem o mesmo serviço. Você encontrará os principais *players* do mercado. Então, é hora de entender na prática o diferencial deles. De que forma? Comprando o produto ou usando seus serviços. Por exemplo, se a minha ideia fosse abrir um salão de beleza em Pinheiros, bairro da zona oeste de São Paulo, eu faria a pesquisa, descobriria os principais salões de beleza da região e marcaria um horário para fazer uma escova nos cabelos ou até um corte. Se minha marca fosse de cookies saudáveis, eu compraria os principais que estão nas prateleiras do mercado e experimentaria um a um. Pode parecer meio maluco, mas essa é a melhor maneira de entender o que as marcas oferecem.

Com essa informação, você tem como criar sua estratégia de diferenciação. Você pode se diferenciar pelo produto mesmo, criando uma comunidade ao seu redor que o identifique como aquele que resolve os problemas. Ou pode ser uma diferenciação de público-alvo, ou seja, oferecer seu produto para uma segmentação ainda maior do mercado. Por exemplo, uma linha de maquiagens pode se diferenciar oferecendo produtos apenas para peles maduras no lugar de para todos os tipos de pele. Ou seja, você foca um público que a concorrência não está atendendo ou está atendendo mal. Também pode se diferenciar pelo atendimento, seja no físico ou no digital, oferecendo qualidade e fazendo o consumidor se sentir próximo da marca quando precisar resolver um problema ou tirar uma dúvida. Também é possível ir pela via da produção de conteúdo, conquistando autoridade ao falar de determinado assunto.

Uma maneira eficaz é se diferenciar pelo branding, justamente o que você está aprendendo neste livro. Como falei, você não estará vendendo um produto apenas, mas um conceito, e isso é valorizado pelo público. Portanto, vale muito apostar em uma marca moderna.

E qual é a minha sugestão? Juntar vários diferenciais em um produto só. Na Desinchá, criamos um branding moderno e uma comunicação que falava com o consumidor; oferecemos uma caixa de chá com sessenta sachês, algo que nenhuma marca oferecia; criamos um *blend* com oito ingredientes que resultou em um chá saudável e saboroso com uma fórmula inovadora; focamos um público jovem. Essa mistura ajudou, inclusive, a criar um novo mercado consumidor de chás: atualmente, 56% das pessoas que consomem Desinchá não tomavam outros chás antes.

Há marcas, porém, que apostam na diferenciação pelo preço, vendendo mais barato que a concorrência. Mas isso é perigoso, porque sempre haverá alguém disposto a vender mais barato do que você. Eu passei por isso no início da minha carreira de empreendedor e sei bem como essa estratégia é errada.

Outro erro comum é uma marca apostar em um produto do tipo *me-too*, que é a criação de um produto idêntico ou muito similar a um que já existe e que é bem popular e já aceito no mercado. O erro está em pensar que, dessa forma, conseguirá entrar naquele caminho que foi aberto pela concorrência – pegando carona. Puro engano. Como a marca anterior já tem autoridade, será mais difícil entrar nesse mercado. Mesmo que você jogue seu preço lá para baixo – o perigo que comentei –, não há garantia de que conseguirá se encaixar em uma brecha e venderá mais por isso.

Outros exemplos de diferenciais de produtos e serviços:

- **Fórmula inovadora;**
- **Características técnicas superiores;**
- **Facilidade de uso;**
- **Sabor;**
- **Design do produto ou da embalagem;**

- **Comunicação do produto ou da embalagem;**
- **Facilidade de compra;**
- **Qualidade do atendimento;**
- **Foco em um produto ou setor específico (especialização).**

Como você viu, existem muitas maneiras de se diferenciar, e você pode descobrir outras que sejam específicas do seu negócio. O importante é achar um caminho que seja diferente do da concorrência. Não dá para apostar as suas fichas em algo que todo mundo faz igual. Dá trabalho? Sim. Mas como toda a criação do branding, você vai ver como isso fará a diferença.

Agora é o momento de colocar em prática o que aprendeu. Pense no público-alvo, aquele grupo de consumidores com características em comum que sua marca quer atingir. Reflita sobre os problemas dessas pessoas que seu produto vai resolver. Nesta reflexão, considere seu produto ou serviço como a solução de uma necessidade ou de um problema e não apenas como um objeto à venda. Falo isso porque, cada dia mais, vender produtos e serviços não é o suficiente para se manter em destaque com o seu consumidor. Sua marca precisa ser a portadora das soluções.

Determine sua persona: pense no estilo de vida, nas suas atitudes, personalidade, gostos pessoais. Quanto mais puder detalhar as características, mais real ela se tornará para a sua empresa.

Para completar, crie uma lista dos pontos de diferenciação da sua marca. Para isso, faça a análise da concorrência e determine os diferenciais que fazem mais sentido para o seu negócio.

Qual é o seu público-alvo e quais são as suas personas? Determine, pelo menos, três personas.

Cite cinco diferenciais da sua marca.

EXISTEM MUITAS MANEIRAS DE SE DIFERENCIAR, E VOCÊ PODE DESCOBRIR OUTRAS QUE SEJAM ESPECÍFICAS DO SEU NEGÓCIO. O IMPORTANTE É ACHAR UM CAMINHO QUE SEJA DIFERENTE DO DA CONCORRÊNCIA.

08
DÊ VIDA À SUA MARCA

Ao definir o seu público-alvo e as suas personas, você tem dois elementos importantes para avançar ainda mais na criação do branding. Agora, está na hora de falar sobre personalidade e tom de voz, elementos que dão um lado humano à sua marca.

Criar marcas humanas é cada vez mais obrigatório: pessoas não gostam de se relacionar com processos robotizados, produtos e serviços; pessoas gostam de se relacionar com pessoas! E isso faz toda a diferença quando se considera a construção da sua marca.

Imagine que você esteja em uma roda com várias pessoas. Com algumas, você cria uma identificação forte e, com outras, essa ligação não rola. Um dos fatores que levam a esse comportamento é justamente a personalidade da pessoa. Com as marcas, acontece algo parecido. É a sua personalidade que fará com que os clientes se aproximem dela, criem maior identificação e estreitem o relacionamento. Assim, quem já é cliente se torna fiel, comprando outras vezes e indicando a sua marca (e a possibilidade de criar uma comunidade é maior), e pessoas que ainda não compraram se tornam também clientes. Além disso, a personalidade é mais uma maneira de se diferenciar da concorrência.

Com a personalidade, a marca ganha características humanas. Vai além de falar de benefícios e atributos do produto, passando a expressar aquilo que está na alma da marca. A marca pode ser alegre, divertida, criativa, ou moderna, tecnológica, inovadora, ou ainda saudável, jovem, alegre. A personalidade da Desinchá, por exemplo, é jovem, divertida, saudável e sustentável, enquanto a do Nubank é moderna, transparente, simples e humana.[48] Repare que todos são atributos humanos que as marcas assumem levando em consideração os seus valores, missão e visão, bem como o perfil do público-alvo e das personas. A personalidade precisa estar em sintonia com todo o

---

48 NEIVA, D. Nubank, um estudo de caso de UX Writing. **UX Design**, 24 maio 2019. Disponível em: https://brasil.uxdesign.cc/nubank-um-estudo-de-caso-de-ux-writing-7ffb0ce7c195. Acesso em: 4 jul. 2021.

branding até agora. Não adianta criar uma imagem diferente do que a marca acredita e transmite. Essa ideia dificilmente se sustentará. E mais: em vez de aproximar o consumidor, pode até mesmo afastá-lo, já que ele não entenderá o conceito que a marca quer transmitir.

É muito comum encontrar confusão entre conceito da marca e personalidade da marca. Enquanto o conceito representa os valores da empresa e seus objetivos, a personalidade dá braços humanos à empresa, define discurso e linguagem e traz elementos importantes para serem usados pela equipe de marketing nas campanhas de divulgação.[49]

TOM DE VOZ

Outra maneira de humanizar a comunicação com o cliente e se aproximar ainda mais dele é por meio do tom de voz, uma definição de uniformidade nas palavras, atitudes e valores de uma marca nos pontos de contato com o cliente, como um site, um e-commerce, nas redes sociais, na loja física, nas embalagens, em anúncios. É pela voz que a marca expressa sua personalidade e seus valores.[50] Ou seja, é a maneira da sua personalidade se expressar por meio de palavras e imagens com o seu consumidor. Por isso, ela é definida junto da personalidade.

A sua voz pode ser informativa, divertida, animada (que adora fazer uma piada), formal, enfim, há uma variação gigante. O mais importante – e que você deve considerar a todo momento – é que é preciso ser autêntico. A linguagem utilizada pelo Nubank, por exemplo, é informal, amigável e divertida, fazendo com que o usuário se sinta à vontade.

---

49 2DCB. **O que é personalidade da marca e como ela é construída?** Disponível em: https://blog.2dcb.com.br/o-que-e-a-personalidade-de-marca-e-como-e-construida/. Acesso em: 20 jun. de 2021.

50 INOVAÇÃO SEBRAE MINAS. **Como e por que definir o tom de voz da sua marca.** Disponível em: https://inovacaosebraeminas.com.br/tom-de-voz-da-marca/. Acesso em: 25 jun. 2021.

Já a Desinchá tem outro tom de voz. Vou mostrar por meio de réguas em que você classifica como sua marca se encaixa melhor.

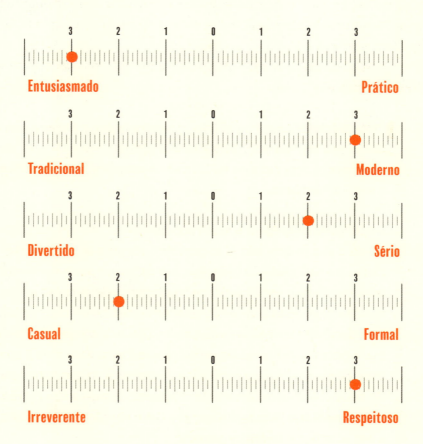

Pela régua, você consegue ver que o tom de voz da Desinchá é entusiasmado, moderno, um pouco sério, casual e respeitoso. ==Assim como a personalidade, o tom de voz precisa estar alinhado com os valores da marca e com o que ela transmite aos clientes.== Você pode não acreditar, mas clientes têm *feeling* apurado e conseguem absorver quando algo parece falso. Meu conselho: aposte sempre na autenticidade. Eu sei que encontrar esse tom não é fácil e pode parecer melhor copiar o que a concorrência faz, mas essa é a sua maneira de se mostrar único e atrair esse cliente. Por que, então, disputar esse espaço com o concorrente? Não faz sentido. É melhor você tentar descobrir o tom de voz e errar quantas vezes forem necessárias até achar o seu tom genuíno do que fazer igual ao vizinho.

Para encontrar o seu tom de voz, é importante considerar quatro componentes essenciais:

- **Personalidade:** como eu já falei, a personalidade é o que conduz o seu tom de voz, pois é uma expressão dos valores da sua marca, uma vez que estes não conseguem ser explícitos a todo o momento.

- **Linguagem:** definida a sua personalidade, é hora de imaginar como a sua marca fala. É importante considerar as palavras-chave do seu negócio (aquelas que estão na personalidade) para conduzir a escolha dessa linguagem, assim como gírias, sotaques, jargões que serão usados ou um teor mais formal. Mas deixe de fora palavras de baixo calão, assim como aquelas que podem soar ofensivas ou agressivas, seja para toda a sua base ou para um grupo específico de pessoas, mesmo que fora de seu público-alvo. Você estará jogando contra a sua marca. Lembre-se: sua linguagem sempre deve ser clara, informativa e ser aceita por todos os grupos!

- **Tom:** diferente da linguagem, o tom é como você quer que a sua marca apareça para o público-alvo. A linguagem é a estrutura para que o tom possa caminhar e fazer seu trabalho. Sempre avalie os valores e a personalidade da sua marca antes de escolher o tom para manter a consistência na sua comunicação.

- **Propósito:** ao se comunicar, você precisa de uma motivação principal. Volte lá no seu propósito – a lição número zero do seu

ENQUANTO O CONCEITO REPRESENTA OS VALORES DA EMPRESA E SEUS OBJETIVOS, A PERSONALIDADE DÁ BRAÇOS HUMANOS À EMPRESA, DEFINE SEU DISCURSO E LINGUAGEM E TRAZ ELEMENTOS IMPORTANTES PARA SEREM USADOS PELA EQUIPE DE MARKETING NAS CAMPANHAS DE DIVULGAÇÃO.

branding – e reveja o porquê da sua marca existir e os motivos pelos quais você está criando o conteúdo. É importante que os clientes entendam em sua comunicação qual é o seu propósito, mesmo que esteja nas entrelinhas.

Além de considerar esses fatores, junte a eles outros parâmetros que ajudarão a compor a sua maneira de se expressar e a encontrar o seu tom de voz: humor, formalidade, respeito e entusiasmo.[51] Pense: sua marca é mais divertida ou mais séria? É irreverente ou mais respeitosa? A partir desses elementos, você consegue definir como se expressar com seu cliente e a sua comunicação.

Para ficar mais claro, vamos a alguns exemplos. A Disney tem uma personalidade ligada à magia, encantamento e diversão. Portanto, seu tom de voz explora esse conceito sempre com um texto que conduz ao encantamento e reforçando o uso de palavras como magia, mágico e sonho. E é reforçada com imagens que lembram todo o universo mágico da Disney. Já a Nike tem um tom de voz que evoca superação e estímulo, apoiado, principalmente, pelo seu slogan: *just do it* (algo como "apenas faça", em português).

Uma das melhores maneiras de saber se acertou esse tom de voz é testando. É o seu cliente quem vai dizer se aquelas palavras e aquele jeito de falar estão compatíveis com a imagem da empresa. Há duas maneiras de fazer esse teste. Uma é a mais complexa, em que você cria alguns posts ou anúncios com o tom de voz escolhido e envia para seus clientes que melhor representam a persona. Questione-os sobre quais sensações aquelas frases e imagens despertam e se elas têm a ver com o que eles imaginam que sua marca seja.[52]

A outra maneira, mais simples de ser aplicada, principalmente quando você está começando um negócio, é usar aquele perfil que

---

51 DVORNECHUCK, A. **Brand Strategy: Guide to Discovery Session**. E-book.

52 INOVAÇÃO SEBRAE MINAS. **Como e porque definir o tom de voz da sua marca.** Disponível em: https://inovacaosebraeminas.com.br/tom-de-voz-da-marca/. Acesso em: 25 jun. 2021.

já criou no Instagram ou no Facebook para publicar posts com esse tom e aguardar a reação dos seguidores. Esse é um ótimo termômetro para conferir se está indo no caminho certo. Se os usuários curtirem, comentarem e compartilharem a publicação, é um bom sinal de que sua estratégia estaria dando certo. Claro que não há nenhuma validação científica desse método, mas, como já contei aqui, eu prefiro ser prático. Quando ficamos publicando posts no Instagram da Desinchá antes mesmo de a marca ser lançada, estávamos criando ali um grande laboratório de experimentação. Foi assim que conseguimos ir acertando esse tom de voz até achar aquele ideal que unisse nossos valores com a identificação que queríamos que o público tivesse com a nossa marca.

Com personalidade e tom de voz, encerramos a parte de construção da nossa marca. No próximo capítulo, vamos colocar tudo isso que você planejou para jogo e validar se está correto, se precisa de ajustes ou ser refeito. Como você pode observar, a criação do branding tem uma ordem. Sugiro que você siga exatamente como ensinei aqui: nome; identidade visual (cor, logo e slogan); missão, visão e valores; inimigos da marca; público-alvo e persona; diferenciação; personalidade; tom de voz. Você verá que as peças vão se encaixando.

Mas, antes de seguir em frente, vamos ao nosso já tradicional exercício de criação de branding. No primeiro, você deve escolher a sua personalidade. Depois, é a vez do tom de voz. Bora?

No quadro a seguir, circule de três a cinco características que traduzem a personalidade da sua marca.

alegre	rápida	rebelde
divertida	descolada	atenciosa
criativa	esperta	jovem
moderna	ativa	espirituosa
tecnológica	engenhosa	confiante
inovadora	eficiente	descontraída
simples	tranquila	experiente
linda	infantil	exuberante
engraçada	atrapalhada	honesta
responsável	brava	inteligente
requintada	boêmia	animada
extravagante	modesta	ousada
acessível	engajada	artística
caridosa	prática	audaciosa
dinâmica	corporativa	séria
confiável	sofisticada	profissional

Qual é o seu tom de voz?

Na escala de atributo de marca abaixo, use a régua para definir seu tom de voz, posicionando a sua marca onde ela melhor se encaixa:

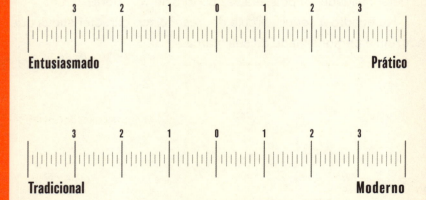

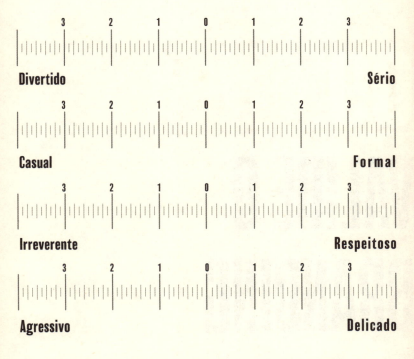

Se achar melhor, crie a própria régua. Lembre-se de usar um adjetivo de um lado e o seu oposto do outro.

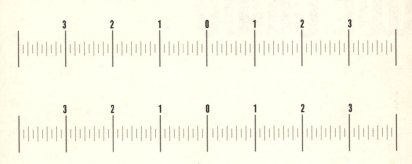

Meu tom de voz é:
_____
_____

09

VALIDE O BRANDING QUE CRIOU

Se fez todos os exercícios que falamos até aqui, você já tem o branding da sua empresa. Chegou agora o momento de validar a sua criação de marca. Isso significa que é hora de testar para ver se o que está no papel funciona na prática. Afinal, na vida real, as coisas podem ser diferente. Assustou? Calma. Saiba que todas as empresas que querem traçar uma rota segura e consistente passam por essa fase.

Ao contrário do que você talvez pense, a validação não inviabiliza um negócio ou o seu plano de branding, que é o nosso caso. Não é uma sentença de oito ou oitenta – ou funciona, ou não funciona –, mas um caminho que mostra o que não está funcionando muito bem, o que precisa de ajustes e o que está ok.

E é melhor voltar alguns passos para trás agora e resolver rapidamente do que manter algo que não está redondo e já partir para a parte de marketing. Falaremos sobre isso no próximo capítulo, mas, só para você entender, no próximo passo, você vai amplificar essa mensagem. Imagine só distribuir um branding que não funciona? E mais: gastar sua verba de marketing dessa forma?

Portanto, não há por que fugir dessa validação. Antes de seguir, porém, que tal fazer um checklist do que você já criou até agora? Vamos lá:

- ❏ **Criou o propósito do seu negócio**

- ❏ **Definiu o nome da sua marca**

- ❏ **Registrou a sua marca no Inpi**

- ❏ **Registrou o domínio .com.br no Registro.br**

- ❏ **Registrou o nome de usuário no Instagram**

- ❏ **Registrou o nome de usuário em outras redes sociais (Facebook, Twitter etc.)**

- ❑ **Definiu a cor principal da sua marca**

- ❑ **Criou a logo**

- ❑ **Criou um ícone de apoio**

- ❑ **Definiu e escreveu o slogan**

- ❑ **Definiu e escreveu a missão**

- ❑ **Definiu e escreveu a visão**

- ❑ **Definiu e escreveu os valores**

- ❑ **Listou os inimigos da marca**

- ❑ **Definiu o seu público-alvo**

- ❑ **Criou três personas do público-alvo**

- ❑ **Definiu cinco diferenciais da sua marca**

- ❑ **Definiu a personalidade da sua marca**

- ❑ **Definiu o tom de voz da sua marca**

Esse checklist pode ser encarado como uma lista de afazeres. Se acaso você ainda tiver alguma linha em branco, não dá para seguir em frente. Só se valida um branding quando ele está completo.

Mas como validar?

Validar é testar o que você criou. É hora de ativar seu público--alvo e analisar como ele reage ao seu produto e ao branding criado. Você pode fazer isso de diversas formas, até contratando agências especializadas. Porém este é um livro prático; então, vou mostrar como você mesmo pode fazer essa validação.

1 Teste com grupo selecionado

Apresente para um grupo pequeno de pessoas que você conhece e verifique se o produto gerou interesse. O ideal é que sejam pessoas dentro do perfil de público-alvo, mas também podem ser amigos, vizinhos e parentes. É claro que muitas dessas pessoas vão se interessar e comprar seus produtos ou serviços só para agradá-lo, mas já dá para ter uma ideia de quanto interesse seu produto gerou.

Quando a pessoa quer comprar um produto, geralmente, mesmo conhecendo você, ela só faz isto caso se interesse e ele resolva uma dor dela. No começo da Desinchá, vendemos o produto para vários amigos, conhecidos e familiares. O interessante foi ver que vários deles voltaram para comprar mais depois de algumas semanas. Então, deu para concluir que o produto tinha agradado mesmo. As pessoas próximas podem até comprar uma vez em consideração a você, mas não comprarão novamente se não gostarem do produto ou serviço.

O cálculo de percentual é feito dividindo o número de pessoas interessadas pelo número de pessoas do seu público-alvo, ao qual você apresentou o produto; neste caso, dividindo 14 por 20, encontra-se 0,7 ou 70%. No caso do número ficar abaixo de 20%, pode ser um sinal de que seja preciso fazer pequenas alterações no produto ou no branding. Mas sempre tente apresentar o seu produto ou serviço para o maior número possível de pessoas antes de fazer qualquer alteração. Ao apresentar o produto ou serviço a cem pessoas do seu público-alvo, já é possível ter uma amostra relevante e tirar conclusões mais concretas. Não se prenda tanto a números específicos, confie também em sua intuição para definir se é preciso ou não fazer alterações antes de seguir para a próxima etapa.

2 Página no Instagram

Estar no Instagram ou em outra rede social que faça sentido para a sua marca é uma das maiores ferramentas que se pode ter. Costumo dizer que esse é o novo cartão de visitas do mercado. Além de ser um caminho para conhecer seu público e divulgar o produto, pode ser usado também para validar o branding que criou. De que forma? Apresentando o produto da maneira mais completa possível para seus seguidores. Coloque a missão e os diferenciais do produto e da marca na bio do Instagram, como se fosse a sua apresentação; use a logomarca como imagem do perfil, faça posts sobre o produto, fale de seus benefícios e de seus diferenciais. Quando postar, use sempre uma chamada que provoque uma ação no usuário. Por exemplo: "Quer comprar? Entre em contato pelo *direct*, pelo telefone ou pelo WhatsApp" ou "tenha mais informações clicando no link da bio" ou "marque uma visita pelo WhatsApp", se você oferecer um serviço. É como se fosse uma *landing page* na mídia social. A partir daí, avalie o retorno que terá em número de curtidas, número de pessoas que entraram em contato para buscar mais informações e, principalmente, em vendas. Se gerou um bom retorno, significa que o público sentiu identificação com o que você criou.

3 Ações com influenciadores

Escolha um ou mais pequenos e médios influenciadores e feche uma parceria de divulgação. Depois, avalie as vendas. Esse será o feedback do mercado. Se o valor investido no cachê do influenciador for menor do que o número gerado pelas vendas, significa que o branding está correto e que o público entendeu o seu recado. Por exemplo, você pagou 5 mil reais para o influenciador e ele gerou 10 mil reais em vendas – o resultado foi muito bom. Mas, se você pagou 5 mil reais e teve 2 mil reais em vendas, será preciso reavaliar o projeto. Existe, sim, a possibilidade de uma escolha errada

A CRIATIVIDADE É MUITO BEM-VINDA
QUANDO VOCÊ ESTÁ NO COMEÇO
DE UMA NOVA EMPRESA E A GRANA
PARA INVESTIR NÃO É TÃO ALTA.

de perfil de influenciador, por isso, aconselho a não fazer apenas com um. Escolha dois ou três e busque influenciadores que falem com o seu público-alvo e que tenham um nicho específico (*skincare*, saúde, moda etc.), de acordo com o segmento do seu produto; geralmente, eles dão um retorno maior sobre o valor investido.

4 Anúncios na internet

O raciocínio é o mesmo das ações com influenciadores. Coloque anúncios nas mídias sociais e analise o número de vendas que serão geradas, principalmente no Facebook e no Instagram usando o Facebook Business. Com ele é possível criar públicos, catálogos, fazer publicações, responder clientes e criar anúncios não apenas para o Facebook, mas para outras plataformas como o Instagram e o WhatsApp. É possível aprender mais sobre o assunto através de guias do próprio Facebook. Se o investimento for maior do que o retorno em vendas, acenda um sinal vermelho e avalie o que está provocando o resultado. Mas você deve dar um tempo para os anúncios rodarem e acompanhar o processo, e só depois disso avaliar se deu resultado ou não.

Essas são as quatro principais formas de avaliar o seu branding. Mas a criatividade é muito bem-vinda quando você está no começo de uma nova empresa e a grana para investir não é tão alta. Eu contei que começamos a Desinchá com 30 mil reais, isso incluindo a pesquisa para achar o *blend* ideal de ingredientes do nosso chá. Então, para validar, usamos muito a criatividade. Uma das ações que fizemos foi presentear algumas influenciadoras do segmento fitness com o produto e um kit especial. Eu montei o kit com uma máquina de esquentar água totalmente adesivada com a nossa cor e o nome da influenciadora (eu mesmo fiz isso), e mandei com a caixa de chá e um cartão escrito à mão. Ou seja, nosso custo foi a máquina, apenas. Algumas delas postaram o presente como um recebido nos *stories* e a repercussão foi quase imediata. Várias pessoas entraram em contato querendo o produto e tivemos muitas vendas no nosso site. Isso mostrou que o público entendeu o nosso branding e confiou que o produto era realmente bom. Branding avaliado com sucesso! A partir daí, iniciamos uma parceria paga com algumas delas que tinham dado o maior retorno em vendas.

TESTES E AJUSTES

Claro que, na Desinchá, nós não usamos somente a validação com as influenciadoras do segmento fitness. Sempre que você for validar seu branding, não se apegue a apenas um teste: sugiro que faça cerca de dez pequenos testes ao longo de três meses. Nesse período, vá colhendo os resultados e observando o desempenho em vendas e a reação do público.

Dificilmente, você acertará na primeira vez. Seja persistente. Fazer ajustes é normal, até mesmo quando o retorno é positivo. Você sempre tem algo a melhorar no seu produto, serviço ou na comunicação, seja no lançamento ou ao longo da vida da marca. Na Desinchá, por exemplo, mudamos o design da embalagem várias vezes com base no feedback dos clientes.

A nossa primeira embalagem era bem simples, somente com as informações básicas do produto. Mas sentimos a necessidade, já com o produto lançado e vendendo bem, de melhorar esse design. Então, incluímos mais informações sobre os diferenciais do produto e dos ingredientes, além da nossa logo. Assim, a embalagem ficou mais informativa e já entrega o nosso tom de voz ali mesmo, conversando de maneira descontraída com o cliente.

Porém, se você testou várias vezes, tentou diversos influenciadores, usou a criatividade para validar o branding de outras maneiras e, mesmo assim, não teve retorno, é melhor parar e aperfeiçoar. Não passe muito dos dez testes que falei; lembre-se que cada uma dessas avaliações tem custo para a empresa, ainda que pequeno, e o que você está fazendo é queimar caixa. É melhor começar os ajustes.

Comece ajustando detalhes como o slogan e a logomarca. Pode ser que o público não esteja entendendo a mensagem que quer passar, ou a dor que o produto resolve, ou a personalidade da marca, ou o tom de voz. Algumas vezes, o público não se identifica com a maneira do produto se expressar. O problema também pode estar no próprio produto e você pode precisar ajustá-lo. Porém, como envolve um custo maior, comece pelo mais simples, valide novamente e, se mesmo assim não conseguir o retorno esperado, aí, sim, parta para essa ação mais específica e cara.

Há elementos do branding, porém, que estão diretamente ligados ao seu propósito e, por isso, é melhor não mexer, como a missão, a visão e os valores. Ao modificá-los, estará entrando em conflito com a essência desse negócio. E isso consumirá uma energia incrível de todos. Não tem como dissociar o propósito do funcionamento real da empresa. Eles andam juntos. Se estiverem, em conflito, aí, sim, há um sério problema a ser resolvido.

Neste capítulo, mostrei como é importante ter a certeza de que seu branding está de acordo com o produto que criou e que o público entendeu essa mensagem. Fazer ajustes é normal e não deve ser motivo para desânimo. Transforme as críticas e os resultados negativos em força de vontade para se dedicar a esse projeto. Ter uma empresa é viver em altos e baixos. Você dará vários passos à frente, mas algumas vezes será preciso recuar. Enquanto não deixar o branding bem ajustado, continue modificando o que for preciso e validando. Uma hora você acerta a mão, pode ter certeza.

Quando você consegue esse retorno positivo, ganha passe livre para a parte final da metodologia, que é usar o marketing para ampliar essa mensagem. É o momento de empoderar essa supermarca que criou, mostrando-a para o maior número de pessoas possível!

FAZER AJUSTES É NORMAL E NÃO
DEVE SER MOTIVO PARA DESÂNIMO.
TRANSFORME AS CRÍTICAS
E OS RESULTADOS NEGATIVOS
EM FORÇA DE VONTADE PARA
SE DEDICAR A ESSE PROJETO.

10

HORA DE ACIONAR O MARKETING

Desde que tive a ideia de fazer este livro, minha pretensão foi ajudar a alavancar o potencial dos negócios por meio da combinação de um branding potente com um marketing estratégico. Criei do zero empresas que cresceram exponencialmente e participei da estratégia de várias marcas por meio da minha agência de marketing, a Vanzak Labs, unindo essas duas frentes.

Por isso, a segunda parte da metodologia que proponho neste livro é, justamente, acionar o marketing. Afinal, você já criou e validou o branding da sua marca e está na hora de colocar em ação o plano prático de marketing. Ele fará com que a sua marca seja apresentada para um número grande de pessoas, ampliando a sua atuação, aumentando as vendas e colaborando para o crescimento da empresa. Também vai garantir que a partir do momento que essas pessoas conheçam a sua marca, uma grande parte delas se torne clientes e, depois disso, que sejam fiéis a ela.

Entender esse potencial é simples: você só precisa multiplicar o percentual de validação do seu branding pelo número absoluto do marketing. Se a sua marca foi aprovada por 70% do seu público-alvo, por exemplo, e o marketing realiza uma ação que atingirá 1 milhão de pessoas, isso resultará em uma expectativa de 700 mil novos possíveis clientes para a sua empresa. Nessa conta, fica visível como uma etapa depende da outra. Não adianta criar uma marca forte sem um departamento de marketing para trabalhar ela. Assim como não adianta ter um marketing incrível, com ótimos profissionais, se a etapa do branding foi esquecida.

Essa é a razão pela qual o marketing é a segunda parte da metodologia. Ativar um plano prático de marketing antes do branding seria um desperdício de dinheiro, afinal, você ainda não tem uma marca forte nem uma mensagem para passar. Aliás, isso também explica por que ainda há empreendedores que não acreditam no marketing e acham que ele é só mais um gasto: eles esperam que o marketing resolva todos os problemas da empresa. Mas acredite:

quando bem planejado, o marketing é a maior alavanca de crescimento da sua empresa.

Essa confusão acontece porque há pessoas que confundem o que é e como funciona o marketing. Há quem ache que é só publicidade, assessoria de imprensa ou relações públicas. Há ainda quem ache que marketing é fazer branding. E há quem ache que é o departamento que faz as promoções e cuida dos eventos da empresa. Em *The 1-Page Marketing Plan*,[53] o autor Allan Dib faz uma ótima analogia para explicar o trabalho deste departamento. Ele diz que, se um circo estiver vindo para a cidade e você pintar uma placa dizendo "circo vindo para a cidade neste sábado", isso é propaganda. Se você colocar a placa nas costas de um elefante e levá-lo até a cidade, isso é promoção. Se o elefante passar pelo canteiro de flores do prefeito e o jornal local escrever uma história sobre a situação, isso é publicidade pela divulgação do fato. Se você fizer o prefeito rir com a história, isso é relações públicas. Se os cidadãos da cidade forem ao circo, você mostrar a eles as atrações, barraquinhas de comida, explicar que eles vão se divertir jogando as brincadeiras nos estandes, responder às dúvidas e, no fim das contas, os clientes gastarem no circo, isso é vendas. E, se você planejou tudo, isso é marketing.

Portanto, o marketing não é uma ação isolada, mas um projeto que permeia todas as maneiras de fazer o produto ser conhecido e adquirido pelo público. O objetivo final é a venda.

O MITO DO PRODUTO

Todo empreendedor quer ter um produto excelente para colocar no mercado, afinal, este é o ponto de partida para todas as empresas. Falamos sobre isso no Capítulo 4. É assim que começa o seu caminho para o sucesso, mas, até chegar ao topo, ele precisa passar por diversas etapas. Uma delas é o branding e a outra é o marketing. Como eu

---

53 DIB, A. **The 1-Page Marketing Plan**. Miami: Successwise, 2016.

já falei, o produto é o terreno em que você constrói a sua casa. Se ele não for bom, a casa não se manterá em pé.

Mas, depois que é construída, a casa precisa de manutenção constante para continuar oferecendo conforto a quem a ocupa. No caso de um produto, esse trabalho é do marketing. Foi-se o tempo em que bastava ter um produto muito bom para as vendas acontecerem. Com a disputa pela lealdade do cliente e a concorrência cada vez maior, só preparar o terreno – ter um bom produto – e construir o alicerce – o branding – não basta. Marcas com maior fidelidade de clientes superam outras que têm melhor desempenho de produto, mais experiência e confiança.[54]

Portanto, acreditar que não há necessidade de marketing baseando-se na qualidade do produto é uma estratégia muito arriscada e cara. É arriscada porque, sem um bom trabalho de marketing, a possibilidade de os consumidores ficarem sabendo que seu produto existe é baixa ou você alcançará apenas um grupo pequeno de pessoas, aquelas que estão ao seu redor. Mas um negócio, para crescer, precisa de recorrência, ou seja, as pessoas precisam sempre comprar. E a ideia do marketing é ampliar justamente seus clientes para aumentar a recorrência. Nenhuma empresa vive de vendas pontuais. Todas precisam aumentar o faturamento para se manter e crescer.

Um cliente só é bom para uma empresa quando ele compra. E é um plano de marketing que vai fazê-lo caminhar desde a descoberta do produto, indo pelo aumento do interesse, até chegar à venda. Vamos falar sobre isso no próximo capítulo. Além disso, um cliente que compra pode voltar a comprar e ainda indicar, espontaneamente, seu produto para outros que também podem adquiri-lo.

---

54 WREDE, J. Um bom produto não basta para ter clientes. **Meio&Mensagem**, 9 mar. 2016. Disponível em: https://www.meioemensagem.com.br/home/marketing/2016/03/09/um-bom-produto-nao-basta-para-ter-clientes.html. Acesso em: 23 jun. 2021.

NÃO SE COMPARE A GRANDES EMPRESAS

Não são apenas empresas grandes que se beneficiam ao ativar o marketing. Essa é uma ideia errada. Pequenas e médias empresas também precisam desse canal para crescer, mas o modo de trabalho é bem diferente. Não dá para comparar as ações que são feitas pela C&A, por exemplo, com aquelas realizadas pela loja de roupas do bairro, por maior e melhor que ela seja. Apesar de estarem no mesmo segmento, são negócios completamente diferentes.

Uma grande empresa, quando aciona um plano de marketing, além do aumento das vendas e, consequentemente, dos lucros, precisa também se reportar à estrutura em que ela está inserida e fazer com que todos aceitem aquele trabalho e enxerguem o valor dele. Existe um conselho de administração e, algumas vezes, acionistas que cobram esses resultados. Existem clientes com diferentes perfis que precisam ser atingidos. Existe ainda uma cobrança para criar grandes campanhas dignas de prêmios de criação e publicidade, entre outros fatores.

Junto a tudo isso, também vem um orçamento para o marketing que é infinitamente maior do que o das pequenas e médias empresas e um planejamento de retorno de investimento que pode ter a duração de um, dois, três anos ou até mais. Há verba e tempo para esperar, e tudo isso faz parte de um grande plano estratégico.

Diferente das grandes, nas médias e pequenas empresas o resultado precisa ser imediato. Elas não têm toda aquela estrutura hierárquica a que se submeter nem aquelas verbas gigantescas. Seu orçamento é limitado e é necessário multiplicar esse dinheiro rapidamente. Por isso, quando você estiver montando o seu plano, não tente fazer igual ao maior *player* do seu segmento; você estará perdendo tempo.

Até mesmo as campanhas são diferentes. As empresas pequenas precisam falar diretamente com o cliente em potencial – chamados

O MARKETING NÃO É UMA AÇÃO ISOLADA, MAS UM PROJETO QUE PERMEIA TODAS AS MANEIRAS DE FAZER O PRODUTO SER CONHECIDO E SER ADQUIRIDO PELO PÚBLICO. O OBJETIVO FINAL É A VENDA.

leads, que são aqueles que ainda não compraram na sua empresa, mas têm potencial para isso – sem rodeios, com uma mensagem direta que mostre que o produto soluciona suas dores, aumentando a consciência desse cliente.

Rapidamente, para você entender, existem cinco níveis de consciência de um consumidor durante a jornada de compra. Eles demonstram o conhecimento que o cliente tem do seu produto ou serviço. São divididos da seguinte maneira:

- **Inconsciente**: quando uma pessoa não conhece seu produto nem o problema que precisa resolver.

- **Consciente do problema**: a pessoa já sabe que tem um problema, mas não sabe como resolvê-lo.

- **Consciente da solução**: ela já sabe como resolver o problema e sabe qual é a solução, mas ainda não sabe onde encontrá-la.

- **Consciente do produto**: a pessoa já sabe qual é o produto que precisa para resolver seu problema e, dentre as opções que encontra, quer saber qual é a mais eficaz.

- **Mais consciente**: o consumidor já sabe qual é o produto, já escolheu a marca e só precisa finalizar a compra.

A intenção do marketing é sempre trabalhar para aumentar esse nível de consciência. No caso das pequenas e médias empresas, elas precisam elevar esse nível de consciência rapidamente, focando o problema e a solução. Quando isso acontece, a possibilidade de gerar *leads* é maior. E como acionar essa estratégia? É aí que estão as características de um bom marketing.

O BOM MARKETING

O marketing que funciona, e que você usará a partir de agora, tem cinco características principais:

1. **É mensurável:** ele deve poder ser medido de alguma forma. Você precisa saber quantas vendas foram feitas em cada iniciativa. Então, se colocou um anúncio na revista, é necessário ter uma maneira de saber o quanto aquilo resultou em vendas. O mesmo se fez um anúncio pelo Facebook Ads ou uma parceria com um influenciador. Só assim você sabe se o investimento valeu a pena. Neste caso, o valor pago pelo anúncio ou pela ação deve ser menor do que o retorno obtido. Isso é um bom marketing. Ao saber o que deu certo – ou não –, você tem ferramentas para planejar outras iniciativas.

2. **É chamativo:** o marketing que funciona chama a atenção do consumidor, seja com uma frase atraente ou com um texto de vendas convincente e que incentive a pessoa a tomar uma ação. Neste caso, comprar o produto ou, pelo menos, buscar mais informações sobre ele. As campanhas inspiracionais, que deixam a chamada para a venda subentendida, devem ser reservadas apenas a grandes empresas. Uma empresa média e pequena não pode desperdiçar a sua chance de vender já.

3. **Foca em uma audiência específica:** já falamos aqui sobre a importância de conhecer seu público-alvo e direcionar suas campanhas para ele. Afinal, quem vende para todo mundo não vende para ninguém. Principalmente no começo de uma marca, é melhor afunilar o mercado, vale mais ser certeiro no seu público do que atirar para todos os lados. Assim, as melhores ações são as que permitem falar diretamente com seu público. Os anúncios on-line são uma alternativa, pois você tem uma série

de dados específicos que podem ser filtrados antes de colocar a campanha para rodar.

4. **Tem uma oferta**: não adianta só fazer o anúncio mostrando seu produto, é preciso levar ao consumidor uma oferta de valor e um *call to action* (CTA), ou seja, uma chamada de ação, comum em sites, anúncios e e-mails. O CTA indica ao cliente o que ele pode fazer, como "ligue agora", "acesse o material", "compre aqui", "clique e confira", "teste grátis", "faça o download", entre outros.

5. **Nutre o *lead***: repare que alguns dos CTA do item anterior não levam o cliente direto à compra do produto, mas o conduzem pela jornada, elevando o grau de consciência até que ele se decida a adquirir o seu produto. Enquanto isso, ele nutre o cliente em potencial. Pode ser com produção de conteúdo (oferecer material rico para que ele se informe sobre a sua dor), pode ser com uma amostra grátis ou outra estratégia que permita ter esse *lead* sempre perto de você até que ele se torne um cliente, ou seja, quando a venda acontece.

Quando estiver criando seu plano de marketing, lembre-se sempre de incluir esses cinco itens. Juntos, eles ajudarão a alcançar seus objetivos.

Neste capítulo, falamos sobre a importância de ter um plano de marketing depois que você criou a sua marca. É o momento de expandir essa mensagem para centenas e milhares de pessoas e convencê-las de que seu produto é bom (até então só você sabe disso) e que elas devem comprá-lo. Acredite: o crescimento de qualquer negócio começa pelo marketing.

No próximo capítulo, vamos partir para a prática novamente e criar um plano de marketing. Você verá que existem etapas que precisam ser cumpridas para gerar desejo pela marca e conduzir o consumidor na jornada de compras.

NÃO SÃO APENAS EMPRESAS GRANDES QUE SE BENEFICIAM AO ATIVAR O MARKETING. ESSA É UMA IDEIA ERRADA. PEQUENAS E MÉDIAS EMPRESAS TAMBÉM PRECISAM DESSE CANAL PARA CRESCER.

11

O ÚNICO PLANO DE MARKETING DE QUE VOCÊ VAI PRECISAR

Se você criou uma marca, você quer vender o seu produto ou serviço para alguém. Isso é uma verdade absoluta. Não há por que abrir uma empresa para não vender. São as vendas que impulsionam o seu negócio e o fazem crescer. E a melhor maneira de fazê-las acontecer é criando um plano prático de marketing.

Quando você cria um plano, as chances de um projeto dar certo aumentam muito porque você tem um ponto de partida, sabe o que precisará fazer durante a execução e aonde quer chegar. E mais: gera resultados tangíveis. Claro que não há nenhuma garantia de sucesso absoluto, mas só o fato de ter um caminho a seguir já o coloca em vantagem em relação ao concorrente que não tem essa mesma visão.

Como falamos no capítulo anterior, o melhor momento para colocar um plano de marketing em ação é quando você já tem um produto finalizado e todas as etapas do branding já foram feitas. Ou seja, se você leu este livro e foi aplicando tudo o que ensinei, o momento é agora.

Existem muitas maneiras de ativar um plano de marketing, incluindo algumas fórmulas bem complexas e que só um profissional especializado conseguiria executar. Mas, como falo desde o começo deste livro, a minha intenção aqui é ser prático. Por isso, chamo o nosso plano de plano prático de marketing, inspirado no plano de marketing idealizado por Allan Dib no livro *The 1-Page Marketing Plan*. Depois que li esse livro, comecei a implementar nos meus negócios e nos negócios dos clientes da minha agência e fui fazendo adaptações até chegar ao método que vou mostrar aqui. A intenção é que você consiga acioná-lo rapidamente para colher os primeiros resultados também bem rápido. Como sua marca está sendo lançada e ainda é nova no mercado, a ideia é tornar pessoas desconhecidas em potenciais clientes e depois em clientes definitivos, ou seja, aquele que compra o seu produto. Portanto, o plano prático de marketing será dividido em três etapas:

1. **Atrair:** é quando você apresenta o seu produto para o público-alvo e faz com que ele se interesse por ele. Até então, sua marca é uma desconhecida no mercado.

2. **Converter:** é quando esses desconhecidos já conhecem o seu produto e se tornam *leads*, ou seja, clientes com potencial de comprar.

3. **Reter:** os clientes em potencial se tornam seus clientes de fato e compram o seu produto. Agora, eles precisam ficar na empresa, comprando outras vezes e indicando-a para conhecidos.

No fim deste capítulo, você encontra um formulário com todas as tarefas a serem cumpridas em cada uma dessas etapas. Assim como fizemos com o branding, a ideia é que, a cada etapa, você vá preenchendo esse plano prático de marketing de acordo com as especificidades do seu negócio. No fim da leitura, terá um plano de marketing personalizado e pronto para ser colocado em ação.

Então, vamos seguir que agora vou explicar como funciona cada etapa e o que você deve fazer para colocar esse plano em ação.

ETAPA 1 – ATRAIR

Essa é a etapa da prospecção de clientes. Ou seja, quando você vai para o mercado apresentar o seu produto e despertar o interesse dos consumidores. É importante ter em mente que as pessoas ainda nem sabem que sua marca existe. Então, todos os esforços devem ser no sentido de atrair a atenção. Nesta etapa ainda, não dá para pensar em vendas. Elas até podem acontecer, mas não são seu objetivo principal. A palavra-chave aqui é atração. Nesta etapa, você executará as seguintes ações:

O MELHOR MOMENTO PARA COLOCAR
UM PLANO DE MARKETING EM AÇÃO
É QUANDO VOCÊ JÁ TEM UM PRODUTO
FINALIZADO E TODAS AS ETAPAS
DO BRANDING JÁ FORAM FEITAS.

Identificar o público-alvo

Você só vai conseguir atrair a atenção de quem realmente precisa ou se identifica com o produto. Esse é o seu público-alvo. E, aqui, você começa a corrida com uma vantagem: já sabe quem é o seu público-alvo. No Capítulo 7, falamos sobre a importância de conhecê-lo e como fazer isso. Portanto, essa etapa já está feita.

Criar uma mensagem

A mensagem principal dos seus anúncios ou dos posts que criará para as redes sociais, seja qual for sua escolha, deve ser algo que atraia a atenção dos clientes, por isso, precisa ter a personalidade, o tom de voz e as características visuais da sua marca. Além disso, deve ser vibrante. Não é hora de ser discreto. Você necessita chamar a atenção e criar a curiosidade no cliente de saber mais sobre o seu produto.

Para criar uma mensagem eficaz, coloque-se na posição de cliente e responda a duas perguntas principais: por que eu deveria comprar esse produto? Por que eu deveria comprar o produto dessa marca? Afinal, ele pode comprar da concorrência ou então nem comprar, já que não conhece o produto ou não sabe que tem a necessidade dele.

O que vai atraí-lo é justamente fazer com que ele descubra que precisa daquela solução (pergunta 1) e que a sua marca pode ajudá-lo a resolver esse problema (pergunta 2). O bom marketing foca o problema do cliente e não apenas o produto.

Outro fator importante é considerar que a atenção das pessoas está cada vez mais diluída. São muitas informações que pipocam a sua frente o tempo todo que não dá mais para pensar em anúncios longos, seja em forma de vídeo ou de texto. Lembre-se de que, para algumas pessoas, esperar quinze segundos para passar aquele anúncio no começo do vídeo do YouTube já é um martírio.

Portanto, quanto mais rápido você conseguir comunicar a sua mensagem, melhor será. Mas aí está o desafio: como atrair a atenção do cliente, fazê-lo descobrir que tem um problema e ainda mostrar seu produto em pouco tempo?

Uma fórmula simples e que costuma dar resultado é jogar perguntas, em seguida mostrar a solução (seu produto) e a prova (os benefícios). Então, sua mensagem ficaria, mais ou menos, assim:

Você ((problema))? O ((produto)) é a solução, porque ele ((prova)).

Imagine que você venda um hidratante facial com protetor solar. Sua mensagem poderia ser: "Você sofre com as manchas provocadas pelo sol que recebe indiretamente no seu rosto todos os dias? O nosso hidratante ajuda a solucionar esse problema. Com uma fórmula que já vem com protetor solar, você hidrata seu rosto ao mesmo tempo que o protege dos raios solares que recebe a todo momento".

Veja que, rapidamente, você lembrou o cliente de que ele tem um problema, deu a solução e mostrou por que o seu produto deve ser escolhido. É uma oferta de valor quase irresistível. Além disso, o fato de falar com esse espectador em primeira pessoa, como se fosse um papo informal entre amigos, também ajuda a atrair a atenção.

O foco aqui é a solução do problema. Por isso, a mensagem começa com a dor do cliente. Pode até parecer que começar a mensagem com os benefícios do seu produto e depois colocar o problema que ele resolve soaria melhor, mas não nesta primeira etapa do plano de marketing. Quando você coloca a mensagem dessa maneira, o cliente não vai identificar que tem um problema (afinal, ele ainda está na fase inconsciente) e, logo, a mensagem não o atrairá.

Escolher os meios de divulgação

Onde você vai colocar essa mensagem que criou? Pode ser em uma revista especializada, no jornal do bairro, nas redes sociais, em anúncios on-line, enfim, escolher a mídia de divulgação é determinar como atingir de maneira mais rápida seu público-alvo. Essa é uma das maiores despesas que, provavelmente, terá no seu projeto de marketing. Por isso, a escolha deve ser criteriosa. Uma decisão errada e o prejuízo pode ser grande.

Um dos primeiros pontos a analisar é o retorno que essa campanha trará para a sua empresa. Calcule o valor que será investido e quanto ele pode gerar de resultado. Se o retorno for maior, ele pode ser acionado. Mas, se o investimento for muito alto, talvez não seja o momento. Você pode começar de maneira mais discreta e ir escalando essas mídias conforme os resultados forem aparecendo.

O ideal é começar com um marketing mais direcionado, apostando naqueles canais que seus clientes mais costumam usar. Por exemplo, as redes sociais. O Brasil tem 160 milhões de usuários da internet (cerca de 75% da sua população), dos quais 150 milhões são ativos em alguma rede.[55] É muito grande a possibilidade do seu público estar lá. Faça posts sobre assuntos que interessem essas pessoas e, ao mesmo tempo, tenham alguma ligação com o segmento ou com o produto que você está lançando. Faça enquetes – as redes sociais têm ferramentas que podem ser usadas facilmente para esse fim – tanto para descobrir o que esse público pensa (o que pode trazer importantes elementos para a mensagem que vai criar) quanto só para engajar essas pessoas. Sugiro que você comece pelo Instagram. Também pode apostar em anúncios on-line: comece com um orçamento pequeno e depois vá expandindo.

Você precisa enviar a mensagem certa para o público-alvo certo por meio do canal de mídia certo. Uma falha em qualquer um desses três elementos, provavelmente, fará com que a sua campanha de marketing fracasse.

Portanto, deixe o marketing de massa, aquele em que seu produto é divulgado em grandes veículos de comunicação, para outro momento da sua empresa. Neste início, é mais importante

---

55 KEMP, M. Digital 2021 Brazil. **We Are Social**, 11 fev. 2021. Disponível em: https://datareportal.com/reports/digital-2021-brazil. Acesso em: 3 jul. 2021.

focar um público específico e usar o marketing direcionado do que querer jogar a mensagem para todo mundo e não atingir ninguém.

ETAPA 2 – CONVERTER

Agora, você não está mais lidando com desconhecidos. Nesta etapa, o consumidor já conhece o seu produto e, provavelmente, já até deixou o contato dele em alguma publicação que você fez, demonstrando interesse. Seu objetivo é continuar nutrindo esse interesse até que ele se transforme em venda. Para isso, precisará:

Criar um banco de dados

Na escolha da sua mídia, considere também aquela em que existe a possibilidade de reter o contato desse cliente de alguma forma. Pode ser um e-mail ou um número de WhatsApp, por exemplo. Essa informação permitirá que você crie um banco de dados de potenciais clientes, algo que será muito relevante para essa etapa de conversão e também para validar o plano que criou. Além dos anúncios, ter um site pode ajudar a formar essa lista. Por meio dele, você pode oferecer algo ao cliente em troca desse e-mail, como um e-book ou uma planilha, desde que faça sentido para o produto que está lançando. Continuando o exemplo do hidratante facial, poderia ser um e-book com receitas de máscaras faciais caseiras que previnem o envelhecimento precoce da pele.

No marketing, essa lista é muito valiosa, é como se fosse dinheiro na mão. Por meio do e-mail, é possível, por exemplo, criar campanhas atraentes ou ofertas rápidas que atraiam esse cliente e aumentem as vendas. Quanto maior a base, maiores são as chances de um retorno positivo, já que nem todas as pessoas que receberem o e-mail se interessarão. Porém, se uma parte delas, mesmo que pequena, se interessar, você já tem um retorno garantido.

Mas desde já, é bom ficar claro que o uso de e-mails deve respeitar uma série de regras, principalmente a Lei Geral de Proteção de

Dados Pessoais (LGPD), que já está em vigor no Brasil. Vale a pena conhecer seus principais pontos antes de começar a usar a estratégia.

Outra forma de criar um banco de dados é instalando um pixel do Facebook no seu site. O pixel do Facebook é uma ferramenta de análise que permite mensurar a eficácia da sua publicidade com base nas ações que as pessoas realizam no site. Você não vai ter acesso ao e-mail das pessoas que visitaram o seu site, mas o pixel vai aprendendo o tipo de cliente que comprou e achando outros parecidos. Ele também vai guardar as informações destas pessoas e você poderá impactá-las com anúncios depois que elas saírem do seu site.

Nutrir os clientes em potencial

Como o cliente já mostrou que tem interesse pelo seu produto, este é o momento de nutrir ele. Isso significa fazer com que o cliente fique tão interessado que tome a decisão de que o seu produto é o ideal para o problema que ele tem e que a melhor saída é comprá-lo. De que forma você pode fazer isso? Mantendo o contato mais próximo possível dele. Mas não adianta só mandar um anúncio pelo e-mail ou uma mensagem pelo WhatsApp: é preciso gerar valor para esse cliente oferecendo algo que beneficie o processo de construção de confiança e ainda reforce a sua autoridade naquele segmento. Assim você vai nutrindo o cliente até chegar ao momento da venda.

A entrega de material rico, como um tutorial, um e-book, vídeos informativos, é uma estratégia válida. Você também pode criar uma newsletter mensal, por exemplo, com assuntos ligados ao segmento e às dores do cliente (isso é muito importante) e mandar por e-mail. Em paralelo, faça posts com dicas valiosas também e publique nas redes sociais.

Outra maneira de estreitar esse relacionamento é enviando ao cliente uma amostra do produto ou, em casos em que aquele cliente

PARA CRIAR UMA MENSAGEM EFICAZ, COLOQUE-SE NA POSIÇÃO DE CLIENTE E RESPONDA A DUAS PERGUNTAS PRINCIPAIS: POR QUE EU DEVERIA COMPRAR ESSE PRODUTO? POR QUE EU DEVERIA COMPRAR O PRODUTO DESSA MARCA?

for muito especial, até um brinde com vários produtos. Mas atenção: essas duas estratégias têm um custo alto para a sua empresa. Por isso, precisam ser extremamente pensadas e calculadas. Se o custo não couber no seu orçamento, use as outras opções. Crie um calendário em que você determina quando essas ações acontecerão e siga-o firmemente.

Quando você oferece esses materiais ou brindes para o cliente, aumenta as chances dele fixar seu produto em mente e, todas as vezes em que se deparar com aquele problema que precisa resolver, ele se lembrará de que seu produto é a solução. Consequentemente, ficará cada vez mais perto da compra, a próxima ação desta segunda etapa.

Criar uma estratégia de vendas

Depois que você estabeleceu um relacionamento com o cliente e ele o reconhece como a solução para o seu problema, está na hora da venda. Essa etapa deve acontecer como uma resposta natural de todo o trabalho de atração, captação e nutrição de clientes que você fez até este momento.

Agora, você precisa definir como venderá para esse cliente. O lucro vem da maneira como você comercializa seu produto. Principalmente quando se é uma pequena empresa, é fundamental que o cliente acredite na sua marca, saiba que ela realmente existe. Uma das formas de aumentar essa confiança é ter um bom site com design intuitivo em que o cliente possa ter informações confiáveis do seu produto, buscar um número de telefone de contato com a empresa ou um e-mail de contato, preferencialmente, corporativo. E por que não já oferecer um e-commerce para o cliente comprar o produto? Se ele chegou até lá, é porque há interesse de compra. Se você estiver vendendo um serviço, em vez de um e-commerce, coloque um botão do WhatsApp para o cliente falar com a sua equipe de vendas (que, no começo, pode ser você mesmo).

Outra estratégia para aumentar a chance desse cliente comprar é ter certeza de que o produto entrega aquilo que promete, ou seja, que ele é bom de verdade. Colocar depoimentos de clientes satisfeitos no seu site é uma das formas de criar essa confiança. Se você oferece um serviço, deixe claro nos seus materiais de divulgação, assim como nas redes sociais e no seu site, que o prestador de serviço tem alguma certificação específica do segmento ou que é altamente qualificado por meio de alguma entidade de classe. Enfim, o que vale é comprovar a sua qualidade.

Vale também descobrir as objeções dos clientes que fazem com que ele não compre um produto como o seu. Vamos usar novamente o exemplo do hidratante facial com proteção solar. Se você sabe que os clientes evitam esse produto por causa do cheiro forte de protetor solar, pode rebater essa ideia nas suas campanhas dizendo que o hidratante tem perfume suave ou que não tem nenhuma fragrância. Se oferece um serviço e os clientes geralmente reclamam de precisar esperar o prestador, deixe claro que seu serviço é com hora marcada. Vale até dizer em quanto tempo é realizado, permitindo que a pessoa consiga se planejar com antecedência, sem comprometer a agenda do dia. Neste caso, além de convencer o cliente a adquirir o serviço, você ainda garante uma ótima experiência, o que será importante na etapa três do plano prático de marketing, que é a retenção do cliente.

Você pode vender posicionando o seu produto em algum nicho – por exemplo, como um produto *premium* –, assim, o preço a ser cobrado poderá ser maior do que o dos demais do mesmo segmento. Nesse caso, sua estratégia está ancorada no preço. Mas, para isso, precisará ter certeza de que o seu produto realmente tem esse valor em relação à qualidade e outros fatores que o diferenciam da concorrência. E isso já vem sendo construído desde o branding.

Outra forma de estratégia de preço é oferecer vários produtos semelhantes, mas um com uma vantagem competitiva maior, fazendo com que o cliente compre o de ticket mais alto. Por exemplo, eu vendo o meu hidratante facial por cinquenta reais. Se a pessoa comprar dois, leva o combo por oitenta reais. Fazendo a conta, o cliente verá a vantagem e comprará os dois produtos juntos. Outro exemplo é ele comprar o hidratante e, por mais dez reais, levar um massageador facial, que você também oferece na sua empresa.

Só não se ancore no preço baixo. Como eu já falei neste livro, oferecer o preço mais baixo do mercado não deve ser usado como diferencial ou como estratégia de vendas. Sempre haverá um concorrente disposto a vender mais barato, principalmente se no mesmo segmento houver grandes *players* do mercado. O pequeno e o médio empreendedor dificilmente vão conseguir ter um preço tão vantajoso quanto aquele que compra em grandes quantidades e, consequentemente, consegue negociar melhores preços com os fornecedores.

Existem várias estratégias de vendas já conhecidas no mercado e você mesmo pode criar alguma baseando-se na especificidade do seu negócio. O importante é ter sempre algo que atraia o cliente em potencial para que ele caminhe por um funil e, finalmente, a compra aconteça.

ETAPA 3 – RETER

Chegamos à última fase do seu plano prático de marketing. Agora, você já adquiriu seus clientes: eles já conhecem o seu produto, já sabem os benefícios, porém só compraram uma vez. O que você deve fazer é retê-los para que comprem de novo, ou seja, para que haja recorrência. E mais: tornem-se fãs da sua marca, indicando para outras pessoas e fazendo parte de uma comunidade em torno dela.

Assim, você precisará:

Garantir uma experiência de pós-vendas

Depois que o cliente adquiriu o produto, você precisa garantir que ele o usará e se beneficiará de seus atributos. Só assim o cliente se tornará satisfeito. Se ele comprar o produto e deixar esquecido em casa porque não soube usar ou porque não sentiu os resultados prometidos, todo o seu esforço até aqui foi em vão.

Primeiro, mostre para o cliente todo o cuidado que teve para fabricar um produto que entregue os melhores resultados para o cliente. Na embalagem mesmo, conte todo o seu esforço, fale alguns detalhes do processo de fabricação e de desenvolvimento do produto ou serviço. O importante é o cliente sentir que há uma preocupação em oferecer sempre o melhor.

Também é preciso garantir que ele use o seu produto adequadamente para que sinta os benefícios. Pode ser com um manual descomplicado ou uma carta informando o modo correto de usar. Se pensarmos no hidratante facial, podemos falar desde o horário de uso e como preparar a pele antes de aplicá-lo até a maneira de massagear o rosto para que o produto aja melhor. Essa explicação pode estar na caixa do produto, por exemplo. E, nessa comunicação, você usa a personalidade da marca e o tom de voz que já definiu no branding.

Outra maneira é oferecer algum tipo de suporte pós-vendas, como um telefone para informações. Ou, dependendo do tipo de produto ou serviço, você mesmo pode criar um processo em que liga para esse cliente para saber se ele está gostando do produto e se certificando de que ele está usando da maneira certa.

O importante é que essa pessoa sinta que é único para a empresa, mesmo que você tenha vendido para outros cem ou duzentos clientes da carteira.

Gerar novas vendas

Quanto maior for o tempo de vida do cliente na sua empresa, mais lucro você terá. Afinal, é sempre mais fácil vender mais produtos para um cliente adquirido – que já comprou da sua empresa – do que buscar um novo cliente e iniciar o plano de marketing desde a atração.

Esse cliente que já conhece o seu produto ou serviço – também chamado de cliente quente –, além de comprar mais, tem a chance de gastar valores cada vez maiores. Então, se ele comprou um hidratante facial na primeira vez, na segunda ele pode comprar o hidratante facial e o sabonete facial ou o hidratante, o sabonete e a esponja massageadora. Então, o que você precisa fazer é segurá-lo na sua empresa.

Para isso, você pode criar um processo de lembrá-lo quando está próximo de adquirir um novo produto. Por exemplo, a caixa da Desinchá tem sessenta unidades, então, é possível saber quando o cliente está perto de precisar comprar outra, caso realmente consuma um chá por dia. Com isso, posso mandar um e-mail ou uma mensagem de WhatsApp lembrando-o dessa necessidade. Outra possibilidade é oferecer uma assinatura de algum produto ou serviço. Assim, você garante cerca de um ano de contato com esse cliente.

Se o cliente não compra há um tempo, que tal criar uma campanha de reativação para que ele volte a comprar? Aí vale usar a criatividade de modo a atraí-lo novamente; você pode, por exemplo, oferecer um cupom de desconto ou brinde especial por tempo limitado para que ele tenha um incentivo e volte a consumir o seu produto ou serviço.

Estimular indicações

Um cliente satisfeito indica a sua empresa para outras pessoas.
O boca a boca é uma atitude natural do ser humano que sempre

QUANTO MAIOR FOR O TEMPO DE VIDA DO CLIENTE NA SUA EMPRESA, MAIS LUCRO VOCÊ TERÁ. AFINAL, É SEMPRE MAIS FÁCIL VENDER MAIS PRODUTOS PARA UM CLIENTE ADQUIRIDO – QUE JÁ COMPROU DA SUA EMPRESA – DO QUE BUSCAR UM NOVO CLIENTE E INICIAR O PLANO DE MARKETING DESDE A ATRAÇÃO.

existiu e não deixará de existir. Mas você pode se beneficiar ainda mais dessa ação ao incentivar as indicações. Você pode, simplesmente, lembrar seu cliente de indicá-lo aos amigos e familiares. Ou criar uma campanha de indicação em que um cliente é premiado quando indica outro.

Um cliente indicado já chega mais quente ao seu negócio, afinal, ele já conhece os benefícios do produto. Sem contar que essa estratégia é uma das maneiras mais rápidas de aumentar a sua lista de *leads* e a possibilidade de vender mais.

SEU PLANO PRÁTICO DE MARKETING

Vamos colocar em prática tudo o que você aprendeu? Na página a seguir, preencha o quadro com as informações que obteve em cada uma das três etapas do plano que apresentei neste capítulo. Este será seu guia para colocar na rua seu plano prático de marketing. Você vai ver que, dessa forma, será muito mais fácil visualizar todas as tarefas que precisam ser realizadas.

ATRAIR

1 MEU PÚBLICO-ALVO

2 MINHA MENSAGEM DE MARCA

3 OS MEIOS DE COMUNICAÇÃO PARA TRANSMITIR MINHA MENSAGEM

O ÚNICO PLANO DE MARKETING DE QUE VOCÊ VAI PRECISAR

CONVERTER

6 MINHA ESTRATÉGIA DE VENDAS

5 COMO NUTRIR CLIENTES

4 MEU BANCO DE DADOS

CRIE MARCAS COM ALMA

RETER

7 COMO GERAR EXPERIÊNCIA DE PÓS-VENDAS

8 COMO GERAR NOVAS VENDAS

9 COMO INCENTIVAR AS INDICAÇÕES

O ÚNICO PLANO DE MARKETING DE QUE VOCÊ VAI PRECISAR

VALIDE SEU PLANO DE MARKETING

Assim como você validou o branding que criou, precisa agora validar esse plano prático de marketing. A melhor maneira, de novo, é fazendo testes. Escolha algumas ações e vá testando e medindo o resultado – lembrando que o valor investido sempre deve ser menor do que o lucro obtido.

O marketing é uma etapa que tem um custo alto para o seu negócio. Mas a boa notícia é que ele é totalmente gerenciável. Todas as ações geram números que você pode avaliar para saber se está no caminho certo.

Nesta etapa, o melhor é fazer aos poucos. Não use todo o orçamento que tem de uma vez: comece com ações menores e vá crescendo aos poucos. É o período em que as falhas acontecem e são permitidas, mas elas não podem ter um custo alto, precisam ser "falhas baratas". Até o profissional de marketing mais experiente corre o risco de errar nas primeiras vezes. Aliás, erros e acertos fazem parte constantemente de um plano estratégico e, por isso, ele deve sempre ser reavaliado.

Avalie cada ação que colocou no seu plano prático e vá alternando até encontrar o marketing que melhor funciona para você. O melhor é ir ajustando. Às vezes, o erro está simplesmente em uma chamada errada de um anúncio ou na falta de um número de contato no site. Ou ainda pode ser que você não esteja falando com o público certo. Pequenos ajustes podem fazer a diferença.

Mas, se você já testou várias vezes e o resultado não veio, talvez seja melhor retornar às lições deste capítulo e rever suas estratégias. Vai custar muito menos voltar e traçar novos caminhos do que colocar uma campanha em pé e não conseguir os resultados esperados.

Esta etapa dá trabalho e pode durar cerca de seis meses, mas não desista. O marketing é quando você vê o retorno de tudo o que fez desde que teve a ideia genial de lançar um produto, os meses envolvidos na criação da marca e, agora, o teste de como conquistar seu público e vender o seu produto. Você vai ver como se sentirá orgulhoso a cada unidade vendida, a cada elogio recebido e a cada recompra feita.

Eu sei que não é um caminho fácil, mas quem tem o empreendedorismo na alma sabe quanto é satisfatório acompanhar todo esse movimento. Problemas sempre vão surgir, mas lembre-se de que você tem um propósito e está construindo uma empresa com alma. Acredite em você e vá em frente!

12

CONSTRUA UMA MARCA QUE DURA NO TEMPO

Enquanto você estava lendo este livro, consegue imaginar quantas pessoas tiveram ideias incríveis de um novo produto ou pensaram em criar uma nova marca? Eu chutaria centenas ou até milhares. O problema é que muitas dessas ideias, provavelmente, nem sairão do papel. E outras começarão a ser desenvolvidas, mas se perderão em algum momento. Isso significa que o produto era ruim? Não necessariamente: pode ser que as ações não tenham sido planejadas e executadas adequadamente. Ter uma ideia é um sonho, colocar essa ideia em ação é uma realidade que envolve muito trabalho, dedicação, esforço, e só depois é que vem a recompensa.

Chegamos ao último capítulo deste livro. Nestas páginas, contei um pouco da minha história e de como a Desinchá, que nasceu da minha vontade de trabalhar com algo que tivesse ligação com o meu propósito de vida, saiu de uma empresa pequena e se tornou uma das empresas que mais cresce no Brasil. Nada foi por acaso. Mas eu pude comprovar nos últimos anos que, quando uma empresa tem uma marca forte envolvida e quando você se entrega de alma para aquilo, cria dois dos principais diferenciais competitivos em relação à concorrência.

Coloque tudo o que aprendeu neste livro em prática. Passei aqui a parte mais valiosa da minha experiência nos últimos quinze anos empreendendo, criando as minhas marcas e ajudando outras pessoas a criarem marcas incríveis por meio da minha agência. Com a metodologia que ensinei, você terá uma marca baseada em um propósito e que reforça seus valores, missão e visão na sociedade em que vive. Associado a isso você tem um plano de marketing que vai permitir levar essa mensagem para um número grande de pessoas. Quando você associa o branding com o marketing, tem um caminho para escalar seu negócio e fazê-lo crescer mais que os concorrentes que não encararam essa estratégia.

Com o crescimento do mercado on-line, a concorrência ficou ainda maior do que antes. É muito fácil abrir uma nova empresa e colocá-la para funcionar hoje mesmo. Mas os negócios que perduram não nascem assim. O que eu ensinei é uma forma de você se diferenciar. Não seja mais um no mercado, mas *o* produto, *o* serviço. Não tenha pressa, estude o seu mercado, estude o seu público-alvo, defina sua identidade visual, sua personalidade, o seu tom de voz e confira se isso tudo está ligado ao seu propósito.

Existe um trabalho inicial muito grande quando você começa uma empresa, até exaustivo, e que nem sempre é visto em um primeiro momento. É como aquela pessoa que começa a se exercitar: demora um tempo, meses, até que ela perceba os efeitos da malhação no seu corpo. Com uma empresa, acontece o mesmo. Por mais que você se dedique, o trabalho inicial ainda é de bastidores, ninguém vê e você não tem retorno daquilo. Mas, quando você persiste, o sucesso chega e, depois, ele só precisa ser administrado para que dure por muito tempo. Acredite que manter uma empresa com alma é muito mais fácil do que aquela que não tem propósito e nem planejamento.

Você já está à frente dos concorrentes porque tem todas as ferramentas e o conhecimento necessário para criar uma marca com alma e focada em seu propósito. Quando você está conectado com o seu negócio, quando ele reflete o que você pensa e o que deseja para a comunidade, tudo flui melhor, mesmo estando em um campo de batalha. Sim, porque colocar uma empresa para rodar é como estar em uma guerra. Sempre haverá surpresas, você corre o risco de ser atacado a todo o momento, mas mesmo assim persiste no front, porque sabe que tem algo muito poderoso para vencer essa batalha. No seu caso, é a marca que criou. Ela se diferencia dos concorrentes e cresce mesmo diante de adversidades.

Foi assim a minha história com a Desinchá e, provavelmente, será a sua também. Passamos por inúmeros momentos difíceis em que tivemos que nos debruçar para encontrar o melhor caminho a seguir, mas nunca pensamos em desistir, porque acreditávamos muito no nosso propósito. E é com esse olhar que eu quero que você encare essa empresa que já tem ou que ainda pretende lançar.

TER UMA IDEIA É UM SONHO,
COLOCAR ESSA IDEIA EM AÇÃO É
UMA REALIDADE QUE ENVOLVE MUITO
TRABALHO, DEDICAÇÃO, ESFORÇO, E
SÓ DEPOIS É QUE VEM A RECOMPENSA.

Uma marca forte promove a transformação no mundo e se torna algo duradouro. Você só vai aperfeiçoando ao longo do tempo, melhorando os processos, mas ela não perde a essência de quando foi criada.

Se, enquanto eu escrevia a introdução, um filme da minha vida passava na minha cabeça, fazendo-me relembrar a minha história com o empreendedorismo desde os 14 anos, agora, enquanto encerro este livro, penso no meu propósito como um viciado em construir marcas: destravar o potencial de crescimento de negócios por meio da construção de um branding de alto impacto. E é isso que eu quero que aconteça na sua empresa a partir de agora. Espero que você tenha aproveitado este livro da melhor maneira possível. Se seguiu tudo o que ensinei, já deu um passo gigante rumo ao crescimento.

Assim como eu me orgulho da minha trajetória, quero que, daqui a alguns anos, você também se orgulhe de tudo o que criou e ainda vai criar. Você pode, você consegue!

Siga em frente e seja o condutor de uma nova marca que ainda fará muita diferença no mundo. Se você chegou até aqui, se está disposto a colocar tudo em prática e persistir, não tenho dúvida do seu potencial. Vá em frente que as portas rumo ao sucesso estão começando a se abrir para você!

E, se quiser me contar um pouco mais sobre seu processo de criação de uma marca baseado na metodologia que ensinei, é só me encontrar no Instagram @eduardovanzak. Um grande abraço e bons negócios!

UMA MARCA FORTE PROMOVE
A TRANSFORMAÇÃO NO MUNDO
E SE TORNA ALGO DURADOURO.
VOCÊ SÓ VAI APERFEIÇOANDO AO
LONGO DO TEMPO, MELHORANDO OS
PROCESSOS, MAS ELA NÃO PERDE
A ESSÊNCIA DE QUANDO FOI CRIADA.

CRIE MARCAS COM ALMA

Brandbook de _____

Site: _____

@ do Instagram da marca: _____

Usuário em outras redes: _____

PROPÓSITO

COR PRINCIPAL

PÚBLICO-ALVO E PERSONAS

CONSTRUA UMA MARCA QUE DURA NO TEMPO

DIFERENCIAIS

**LOGOMARCA E
LOGO DE APOIO**

MISSÃO

185

CRIE MARCAS COM ALMA

PERSONALIDADE

SLOGAN

VISÃO

TOM DE VOZ

INIMIGOS DA MARCA

VALORES

CONSTRUA UMA MARCA QUE DURA NO TEMPO

IDEIAS E RASCUNHOS

CRIE MARCAS COM ALMA

CONSTRUA UMA MARCA QUE DURA NO TEMPO

IDEIAS E RASCUNHOS

CRIE MARCAS COM ALMA

CONSTRUA UMA MARCA QUE DURA NO TEMPO

Este livro foi impresso pela Gráfica Rettec
em papel pólen bold 70g em agosto de 2021.